Cómo resolver problemas irresolubles

David Niven

Cómo resolver problemas irresolubles

*El sencillo camino
del problema a la respuesta*

EDICIONES OBELISCO

Si este libro le ha interesado y desea que le mantengamos informado
de nuestras publicaciones, escríbanos indicándonos qué temas son de su interés
(Astrología, Autoayuda, Ciencias Ocultas, Artes Marciales, Naturismo,
Espiritualidad, Tradición...) y gustosamente le complaceremos.

Puede consultar nuestro catálogo en www.edicionesobelisco.com

*Los editores no han comprobado la eficacia ni el resultado de las recetas,
productos, fórmulas técnicas, ejercicios o similares contenidos en este libro.
Instan a los lectores a consultar al médico o especialista de la salud ante
cualquier duda que surja. No asumen, por lo tanto, responsabilidad alguna
en cuanto a su utilización ni realizan asesoramiento al respecto.*

Colección Psicología
Cómo resolver problemas irresolubles
David Niven

1.ª edición: noviembre de 2015

Título original: *It's Not About the Shark*

Traducción: *David Michael George*
Maquetación: *Montse Martín*
Corrección: *M.ª Ángeles Olivera*
Diseño de cubierta: *Enrique Iborra*

Edita: Ediciones Obelisco S. L.
Pere IV, 78 (Edif. Pedro IV) 3.ª planta 5.ª puerta
08005 Barcelona - España
Tel. 93 309 85 25 - Fax 93 309 85 23
E-mail: info@edicionesobelisco.com

ISBN: 978-84-9111-045-3
Depósito Legal: B-27.159-2015

Printed in Spain

Impreso en España en los talleres gráficos de Romanyà/Valls S.A.
Verdaguer, 1 - 08786 Capellades (Barcelona)

A Tina y Katie

¿Problema o bendición?

La presión sobre el nuevo director era constante.

Había gastado todo dinero de la productora y había agotado su paciencia.

Tras acabar la filmación cada día, el nudo en su estómago crecía y crecía mientras visionaba el nuevo metraje con su equipo. A veces examinaban el trabajo de todo un día sin encontrar nada que se pudiera aprovechar. «Sinceramente, cuanto más veíamos, más nos preocupábamos –recordaba Bill Butler, el director de fotografía de la película–. Teníamos *un problema*».

No fue difícil hallar el trasfondo del asunto. Era imposible trabajar con la estrella del filme, que era la que daba el título a la película. Para complicar todavía más las cosas, los alicientes habituales (el dinero, los cumplidos, la atención obsequiosa para levantarle el ánimo) no tuvieron ningún efecto sobre el veleidoso actor principal.

Así pues, día tras día, Steven Spielberg se sentaba en la oscuridad, visionando otro rollo del metraje malgastado de otro día de trabajo. Estaba dirigiendo su primera película para una productora importante. Ya había oído comentarios sobre las dudas de los ejecutivos de la productora, que estaban preocupados por si se había embarcado en algo que le quedaba grande. Ya había gastado más de lo previsto en el presupuesto para toda su película en un elemento de atrezo. Se estaba convenciendo rápidamente a sí mismo de que ésta no iba a ser sólo su primera película, sino también la última.

Es más, tuvo que enfrentarse a la realidad de que el tiburón mecánico al que le había dado el papel principal en su película *Tiburón*, un animal que imaginaba acechando los sueños de sus espectadores como una especie de Godzilla de los mares, no podía nadar, no podía morder, y ni siquiera podía flotar.

No se debía a una falta de esfuerzo. El tiburón (llamado *Bruce* en honor al abogado de Spielberg) era un coloso que se accionaba de forma neumática increíblemente complicado unido a un tubo de cincuenta metros que lo conectaba a compresores que flotaban por encima de él, sobre una barcaza. Hizo falta un pequeño ejército de personas (cada una de ellas manejando una palanca distinta que controlaba una aleta, o los ojos, o la boca) para que funcionara. Había sido diseñado por los talentos más experimentados de la industria (gente a la que se atribuía la creación del calamar gigante de *20.000 leguas de viaje submarino* y algunas de las criaturas marinas más espantosas que jamás hubieran aparecido en una película).

Pero, hasta un punto casi cómico, el tiburón fue un fracaso. En un primer momento se probó en un depósito de agua dulce en California, y luego se transportó a la localidad costera de Massachusetts en la que se iba a filmar la película. Allí, los cineastas recibieron una dura lección sobre los efectos increíblemente corrosivos del agua de mar. Cuando sus controles se cortocircuitaban, el tiburón se movía o no, sin el menor interés en quién estuviera accionando cada palanca. Cada día había alguna otra cosa que se tenía que reparar, reemplazar o volver a soldar porque no funcionaba o había sufrido daños durante la filmación en aquellos raros días en los que el tiburón había estado funcionando mientras las cámaras estaban rodando. Hasta su piel sintética falló, ya que se inundó e hinchó, convirtiendo al aterrador escualo en un malvavisco o nube de caramelo gigante.

«Siguió fallando, fallando y volviendo a fallar», afirmó Bill Gilmore, uno de los productores del filme. Richard Dreyfuss, que interpretaba a un oceanógrafo en la película, recuerda claramente cómo adoptaba su posición para empezar a filmar una escena sólo para oír el incesante ruido de los walkie-talkies del equipo y las palabras sobresaltadas que surgían de ellos sin cesar: «El tiburón no funciona… El tiburón no funciona».

Incluso en sus mejores días, el tiburón era ruidoso y lento. «Podías salir del agua, secarte y comerte un bocadillo antes de que te atacara», decía el cámara de *Tiburón* Michael Chapman.

Millones de dólares, meses invertidos, los mejores expertos técnicos que pudieron encontrar, y lo que Steven Spielberg obtuvo fue una buena oportunidad que se iba esfumando con rapidez para hacer una película sobre un tiburón… sin tiburón.

Con un gran tiburón blanco averiado en sus manos, Spielberg tenía un problema enorme y varias opciones poco atractivas. Podía destinar todos los recursos disponibles a la reparación del escualo (y ver suspendida, con casi total seguridad, su película inacabada cuando se quedara sin dinero ni tiempo). Podía deshacerse del tiburón defectuoso y empezar de cero, construyendo una nueva versión diseñada para superar las limitaciones del primer modelo (seguramente para que no le dieran la luz verde para reanudar la filmación). Podía continuar con determinación con el tiburón averiado, usando cables translúcidos o cualquier herramienta que pudiera improvisar para hacer que funcionara, y hacer que cancelaran la película, que lo despidieran o rodar un filme ridículamente malo, relegando a su película y su futuro al reino de *El ataque de la mujer de 50 pies* y el de otros filmes recordados por ser muy malos.

Éste es un libro que trata sobre qué hacer cuando tenemos un problema. Y lo que las investigaciones nos muestran es que lo que hacemos la mayor parte del tiempo es regodearnos en nuestros problemas. Definimos todo en términos de los problemas. Limitamos aquello que creemos que es posible basándonos en los límites que nos marcan los problemas a los que nos enfrentamos. Nos fijamos en los problemas desde todos los ángulos posibles, sólo para llegar a la conclusión de que todas las respuestas disponibles producen distintas formas de fracaso. Al igual que mirar directamente al sol y no ser capaz de ver el cielo que lo rodea, hacemos lo mismo con nuestros problemas y no podemos ver mucho más, y mucho menos una solución.

Steven Spielberg no miró a su problema con atención.

A pesar del hecho de que el guion empezaba con un primer plano del tiburón atacando a un bañista, y aunque el escualo aparecía por doquier en los guiones gráficos a lo largo del filme, Spielberg se tomó el fracaso de su tiburón mecánico como una oportunidad para volver a idear lo que estaba haciendo. No pensó en reparar el escualo estropeado ni solicitó más tiempo y dinero, que no le hubieran facilitado. En lugar de eso dio la vuelta a la situación en su mente.

«Pensé: "¿Qué hubiera hecho Alfred Hitchcock en una situación así?" –explicaba Spielberg–. Así que, pensando en una película de Hitchcock en lugar de en una de *Godzilla*, di con la idea de que podíamos quitar mucha de la paja que nos impedía ver el horizonte. Y cuando no eres capaz de verte los pies, cuando no puedes ver nada por debajo de tu cintura mientras estás caminando sobre el agua ¿qué es lo que hay por debajo? Es lo que no vemos lo que es de verdad amedrentador».

A partir de ese pensamiento vio la solución: hacer una película sobre un tiburón *sin el tiburón*.

Spielberg aportó la sugerencia para el escualo: en el campo visual que se encontraba medio por encima y medio por debajo del agua, en la ominosa e inolvidable partitura de John Williams (que describió como el sonido de una fuerza imparable). Y esa sugerencia para el tiburón proporcionó la inconfundible y sin par presencia de la amenaza.

En lugar de ser el centro de cada escena, el escualo no aparece por completo en la pantalla hasta que han transcurrido ochenta y un minutos de la película. «Se convirtió en algo así como "menos es más" –comentaba Spielberg–, porque eso invitaba a los espectadores a que fueran a ver la película trayendo consigo sus imaginaciones colectivas, y éstas me ayudaron a que el filme fuera un éxito».

«Tuvo que inventarse, ahí mismo, otra forma de filmar –declaró admirado Richard Dreyfus–, lo que consistía en *insinuar* al tiburón, cosa que convirtió una película corriente en un gran filme».

Los espectadores y los críticos se quedaron asombrados con el efecto. El crítico Frank Rich, que afirmó que Spielberg era un director talentoso, elogió su originalidad, señalando que «las secuencias más aterradoras de *Tiburón* son aquellas en las que ni siguiera vemos al escualo». Los espectadores permitieron que *Tiburón* fuera la película con mayores ingresos en taquilla hasta la fecha, e hicieron que Hollywood organizara eventos todo el año alrededor de ese gran éxito estival. Su reputación no ha hecho más que aumentar con el tiempo: el American Film Institute ha dicho de ella que es una de las grandes películas de todos los tiempos y se ha convertido en uno, de entre unos pocos filmes, de los que se conservan de manera permanente en la Biblioteca del Congreso de Estados Unidos como un tesoro cultural.

Y todo esto partiendo de lo que la productora consideró que era, en un principio, una película de terror de tercera, un proyecto de segunda por detrás de sus principales preocupaciones ese verano, las series olvidables y ya olvidadas hace tiempo *Airport 1975* y *The Hindenburg*.

Éste es un libro sobre los problemas, pero, lo que es más importante, es que es un libro sobre las soluciones. La ciencia, como comprobarás, es muy clara: si nos fijamos, en primer lugar, en nuestros problemas, si permitimos que un problema defina todo lo que haremos a continuación, lo más probable es que fracasemos. Si dejamos nuestros problemas a un lado y buscamos soluciones, podremos tener éxito más allá de todas las limitaciones. De hecho, solucionar el problema en sí mismo se convierte en una nota al margen en una historia que implica un logro mucho mayor. Nadie le pregunta a Steven Spielberg por qué no pudo conseguir un tiburón mejor.

Todo parece muy sencillo, a pesar de que centrarse en las soluciones es un camino en gran medida evasivo que discurre en contra de todas nuestras lecciones vitales. Todo lo que nos han enseñado, cualquier impulso inherente que tenemos, cada fuente a la que acudimos en busca de ayuda nos ha hecho creer que cuando tenemos un gran problema deberíamos centrar nuestro tiempo, nuestras energías y nuestra atención en él, y que tendríamos que trabajar más duro, redoblar esfuerzos y combatir el problema con cualquier cosa de la que dispongamos. Y si Steven Spielberg hubiera hecho eso, su tiburón y su película se habrían hundido hasta llegar al fondo del mar.

Gracias a la ciencia y las historias de personas reales que se enfrentaron a desafíos reales, advertirás que con independencia de tus problemas en el trabajo, en casa y en la vida, podrás resolverlos si estás dispuesto a buscar una solución en lugar de concentrarte en el problema. Y cuando lo hagas, el problema ya no será tan amedrentador. Después de todo, tal y como decía Steven Spielberg: «Que el tiburón no funcionara fue una bendición».

Capítulo 1

El Philip imaginario y la madre de todos los problemas

¿Qué pasaría si el abejorro supiera que no puede volar?

Todos sabemos lo que sucedería: estaría de brazos cruzados preocupándose de lo gordo que está, y nunca más volvería a levantarse del suelo.

Pero esa historia tiene otra versión. En 1934, cuando el entomólogo August Magnan concluyó que los abejorros que volaban desafiaban las leyes de la física, nunca se molestó en explicárselo a estos insectos, y ellos siguieron volando.

Los problemas infectan a nuestros pensamientos de muchas formas, pero la ecuación básica es sencilla. Si permitimos que los problemas definan quiénes somos, si dejamos que nos sirvan como guía, entonces nos dirán lo que no podemos hacer. No podemos hacer esto. No podemos hacer aquello. Nuestra vida se convertirá en negativas y ausencias.

Un problema, con independencia de lo importante o lo significativo que sea para nuestro bienestar, no debería hallarse en el centro de nuestros pensamientos.

Un problema es una barrera. Cuando desmantelamos las barreras, medramos como pensadores, como emprendedores y como personas. Piensa en cualquier gran avance en cualquier campo o empresa: una gran cosa, una gran idea, un gran producto, una gran historia, un gran tratamiento médico. Esa grandeza surgió porque alguien desmontó una barrera. Un problema es una barrera: tienes que bajarla o te hundirá, igual que a los abejorros.

Los corredores de apuestas decían que sus probabilidades de vencer eran de trescientos a uno, lo que supone una forma educada de decir que no tenía ninguna posibilidad de ganar el campeonato. Pero el golfista novato Ben Curtis estaba simplemente contento de estar allí, después de haberse ganado la plaza por los pelos en el campeonato dos semanas antes.

Había buenas razones para tener unas expectativas tan modestas. Al dar su golpe inicial en el Abierto Británico de 2003, Ben Curtis nunca había ganado un campeonato de golf profesional. De hecho, todavía tenía que acabar entre los veinticinco primeros en cualquier campeonato. Curtis incluso compartía la opinión de los corredores de apuestas sobre sus capacidades. Explicaba que estaba allí por la experiencia, para divertirse y para mejorar jugando contra los mejores en uno de los campos de golf más duros y famosos.

Pese a ello, la alegría del habitante de un pequeño pueblo de Ohio que se encontraba, de manera incongruente, en el escenario más importante del golf, entusiasmó a los aficionados y los comentaristas. Su deleite sólo se vio eclipsado por su sorpresa cuando Ben Curtis metió su *putt* desde unos dos metros y medio en el último hoyo y levantó la famosa Jarra de Plata como ganador del Abierto Británico.

¿Cuán improbable era su victoria? Habían pasado noventa años desde que un golfista ganara el primer torneo principal que jugaba.

En el transcurso de un fin de semana todo había cambiado para él. Ben Curtis, un golfista anónimo que nunca había ganado nada, se encontraba ahora entre los reyes del deporte, viviendo lo que admitió que era «un cuento de hadas hecho realidad». Tuvo que sacar tiempo de su agenda para visitar la Casa Blanca, ya que el presidente quería felicitarlo en persona. Y entre los muchos premios ofrecidos, el ganador de un campeonato principal de golf obtuvo algo así como la carta blanca del mundo del deporte: la dispensa para un campeón que le permitía escoger exactamente en qué torneos quería participar durante los siguientes años.

Llegado el año 2011, esa dispensa para el campeón había expirado. Lo peor de todo es que habían pasado cinco años desde la última victoria de Curtis en el circuito de la PGA (Asociación de golfistas profesionales de Estados Unidos), y estaba jugando tan sólo para poder mantener el estatus de golfista profesional a tiempo completo.

Curtis estaba desesperado por seguir en el circuito, y este sentimiento moldeó su juego.

«Cada vez que entraba al campo pensaba para mis adentros: "De acuerdo, ¿cómo no voy a sufrir un desastre?"», explicaba.

Su único foco de atención en cada hoyo era evitar errores. «Allá fuera, intento hacer todo lo que puedo para no cometer *bogeys* ni dobles *bogeys* –decía–. En eso se ha convertido mi juego».

El esfuerzo de evitar cometer errores tenía, claramente, un efecto: cometía más.

«Lo que estaba haciendo, la forma en que estaba pensando, estaba echándome más presión encima –decía Curtis–. Más presión que no necesitas».

Lo peor es que se llevaba sus errores de un hoyo al siguiente. «En mi cabeza podía ver reproducciones de malos golpes iniciales dos hoyos más tarde. Pensaba en un *putt* para *par* fallado en el siguiente *green* –comentaba–. Incluso cuando tenía oportunidades de obtener un buen resultado en un hoyo, pensaba en formas en las que podría cometer un error».

Quedarse mirando fijamente el problema hizo que Ben Curtis se quedara atascado (justo donde hubiera estado Steven Spielberg si hubiera mantenido su foco de atención en su tiburón mecánico en descomposición). Por suerte para Curtis, acabó tocando fondo.

Al final de la temporada de 2011, sin haber logrado ganar y ni siquiera llegar a luchar por un título, la permanencia de Curtis en el circuito de la PGA se redujo a un estatus condicional. De hecho, tenía que pedir un permiso especial a los patrocinadores de los torneos de golf para que le permitieran jugar donde fuera en 2012.

Cada semana se sentaba al lado de teléfono, esperando escuchar que el director del torneo le hubiera escogido entre los cincuenta o cien jugadores que solicitaban una de entre unas ocho plazas de última hora en el torneo. La mayoría de las semanas el teléfono no sonaba.

Pero algo le sucedió durante esas semanas en las que participaba en un torneo. De repente, la presión había desaparecido. Como no tenía un estatus que defender, la amenaza de una mala ronda no le amedrentaba tanto. Empezó, simplemente, a volver a jugar al golf.

Cuando habían pasado cuatro meses de la temporada de 2012, jugando su cuarto torneo del año, Curtis acabó con una racha sin triunfos que había durado más de dos mil días. Su victoria en el Abierto de Texas le devolvió su estatus de golfista profesional a tiempo completo y, lo que es más importante, le recordó lo que era capaz de hacer.

«El golf es así –decía–. Surgirá y te sorprenderá si se lo permites».

Eres un estudiante de ingeniería avanzada. Tu clase va a verse sometida a algo así como a un examen sorpresa. En un momento te pedirán que bosquejes unos diseños para un producto. Te frotas las manos, emocionado. Con independencia de la tarea, no hay duda de que se te ocurrirá algo genial.

Alisas tu folio y tienes bien cerca tu lápiz.

Te piden que idees un portabicicletas para llevar bicicletas en un automóvil. Te exigen varios requisitos, pero el objetivo más importante es crear un portabicicletas que sea fácil de montar en el vehículo y sobre el que se puedan colocar las bicicletas con facilidad.

Te muestran un ejemplo de un portabicicletas existente que se monta sobre el techo, pero que es ineficaz. Tiene tubos de metal que se encuentran en el techo del automóvil. Las ruedas de la bicicleta se sujetan a los tubos. Te dicen, explícitamente, que a los usuarios les cuesta mucho sujetar los tubos al techo del vehículo. Por otro lado, es casi imposible acceder, salvo en el caso de los usuarios más altos y fuertes, al tubo central.

Te piden que idees tantos diseños como puedas para satisfacer los requisitos. Dispones de una hora. Ahora hay que ponerse a trabajar.

Piensas en bicicletas y automóviles, en sus formas y tamaños. Piensas en la gente que tiene que levantar sus bicicletas y sujetarlas.

No te convertiste en ingeniero para ser mediocre. No quieres intentarlo con un diseño meramente aceptable. Estás aquí para ser el mejor, así que acercas el lápiz al papel y empiezas.

Puedes hacer cualquier cosa dentro de los parámetros de la tarea en términos de materiales, formas o enfoques. Así que giras el folio para ver las cosas desde otro ángulo. Tu lápiz empieza a volar.

No obstante, una imagen sigue acudiendo a tu mente. Ese portabicicletas con los tubos que se montan sobre el techo. El que tiene los defectos.

Tu primer boceto se parece a ese portabicicletas, y el segundo también. Por mucho que lo intentes, tus diseños siguen volviendo a los tubos que se montan sobre el techo: ideal si tus clientes son jugadores de baloncesto.

Lo que no sabías es que, al mismo tiempo que estabas creando variaciones de ese diseño fallido, otro grupo de ingenieros que se encontraba en una sala contigua también dibujaba planos de portabicicletas.

La única diferencia es que a ellos no les enseñaron el dibujo del diseño defectuoso. Y nunca les dijeron que intentaran evitar sujetar las bicicletas en medio del techo del vehículo. Les pidieron, simplemente, que crearan el mejor diseño que pudieran.

Cuando los investigadores David Jansson y Steven Smith colocaron todos los diseños de tu grupo y los del otro grupo, uno detrás del otro, las diferencias eran enormes. El grupo que vio el mal ejemplo ideó menos diseños totales, había muchos menos enfoques originales y era mucho más probable que acabara con unas bicicletas sujetas donde nadie pudiera alcanzarlas.[1]

No se debía a que el segundo grupo tuviera más talento que el primero. No eran más talentosos. El segundo grupo no sabía más sobre bicicletas o portabicicletas. No era eso.

La diferencia entre los dos grupos se reducía simplemente a que al primer grupo le pidieron que resolviera un problema común de los portabicicletas y se dio de bruces contra el reto. Al segundo grupo le solicitaron que diseña el mejor portabicicletas que pudiera, y lo hizo. En el proceso resolvieron un problema que ni siquiera sabían que existía.

Jansson y Smith repitieron su experimento con otros desafíos y otros ingenieros, y cada vez sucedía lo mismo. Cuando les pedían que diseñaran una taza medidora para invidentes, la mayoría de los ingenieros a los que les mostraron un problema de diseño no pudieron resolverlo. Más del 80 % de las personas del grupo al que no se le mostró el problema lo solucionaron sin ni siquiera saber a qué se enfrentaban. Cuando les solicitaron que diseñaran una taza de café a prueba de derrames, a aquellos a los que se les mostró el problema de diseño de la taza tuvieron diecisiete veces más probabilidades de fracasar que aquellos a los que no se les mostró el problema.

Eran, todos ellos, ingenieros con mucho talento. Todos eran expertos, capaces y estaban cualificados y motivados. Pese a ello, las probabilidades de éxito variaban muchísimo basándose en lo que estuvieran intentando hacer. El grupo que nunca había visto un mal ejemplo hizo que su talento natural le condujera hacia un buen diseño. No perdió ni un solo instante en el problema y dedicó todo su tiempo a la solución. El grupo que vio el problema quería resolverlo

---

1. Jansson, D.; Smith, S. (1991), «Design fixation», *Design Studies*, vol. 12, págs. 3-11.

con tanto ahínco que no pudo pensar con acierto. Al igual que Ben Curtis no podía jugar bien al golf cuando se centraba en sus fallos, estos ingenieros no pudieron diseñar cuando se fijaban en el problema. Pero permanecían centrados en el problema porque los problemas son muy seductores y cautivadores. Es difícil pensar en nada más.

«La gente que no odia su trabajo te mira con temor, como si lo que tuvieras fuera contagioso y no quisiera infectarse –comentaba Michael–. O dice: "Oye, fastídiate. Son ocho horas de tu día: puedes sobrevivir a ellas –añadía–. Pero el problema de odiar tu trabajo no son tanto las ocho horas que estás en él, sino las otras dieciséis».

Al igual que todos esos ingenieros que querían solucionar el problema del portabicicletas, y del mismo modo que el miedo de Ben Curtis a los *bogeys*, el problema de Michael nublaba todo su campo de visión.

«Porque cuando aborreces hacer algo, eso es en todo en lo que puedes pensar –decía Michael–. Cuando estás en el trabajo cuentas los minutos que faltan para poder irte, pero en cuanto sales, piensas en que tendrás que volver. El domingo no es más que el día antes de regresar allí».

Michael sabe que mucha gente tiene las mismas frustraciones. «Mucha gente es mala en su trabajo, ¿no es así? –decía–. Pero intenta ser malo en tu trabajo frente al público».

Impartir clases de álgebra a cinco grupos de alumnos en un centro de estudios superiores implicaba tener treinta y cinco testigos cada vez que Michael se encontraba en la parte delantera del aula, luchando para que alguien le prestara atención. Conocía las fórmulas, podía recitarlas del derecho y del revés, y tal vez pudiera enseñar esta materia mientras dormía o soñaba. Por desgracia, sus alumnos no aprendían mucho mientras lo hacían.

«No me tocaban dormilones cada día –explicaba–. En algunas de esas clases nocturnas una vez por semana (con sesiones lectivas dobles): ¡vaya! Probablemente perdía a la mitad de los alumnos de la clase hacia el final. Y no creo que estuvieran soñando con polinomios».

No era una simple sensación que Michael no se mostrara muy entusiasta en su trabajo: existían pruebas claras. «Usamos un examen final común en todo el instituto para comprobar los progresos de todos y cada uno de los alumnos o, en el caso de los míos, los que no están haciendo». Los alumnos de Michael acababan en el puesto catorce, quince o dieciséis entre los grupos de alumnos dirigidos por dieciséis profesores. Y las valoraciones de los alumnos sobre su docencia no eran precisamente alentadoras. Un estudiante dijo que deberían usar las clases de Michael como técnica de interrogatorio: cualquier tipo malo se derrumbaría y confesaría si era forzado a estar sentado en una de sus clases.

«Lo peor de todo esto es que me importa –comentaba Michael–. Me preocupa que mis alumnos obtengan buenos resultados. Me preocupa que mi clase sea un lugar en el que las matemáticas cobren vida en vez de un sitio al que las matemáticas vayan a morir».

Así que Michael hizo lo que cualquiera en su situación hubiera hecho: intentó con tesón ser mejor. Leía cada artículo y libro sobre enseñanza excelente que pudiera encontrar. Visionaba vídeos sobre técnicas educativas. Iba a cada taller sobre enseñanza que se celebrara en el campus y viajaba en avión por todo el país para asistir a conferencias sobre educación.

«Para cuando acabé con mi formación sobre todo lo que pude hallar sobre enseñanza, me dediqué a probarlo todo y luego intentaba deshacerlo. Aceleraba las cosas y luego las ralentizaba –comentaba–. Asignaba tareas para que la gente fuera a su propio ritmo, y luego otras para mantener a todos unidos. Introducía cada anotación y problema en un paquete y se lo entregaba a los alumnos de manera que no tuvieran ni que hacer acto de presencia en clase, y luego probé a no entregarles nada, de modo que tuvieran que tomar apuntes de todo en clase».

Michael leyó un libro que afirmaba que lo único que importaba a los estudiantes es que te preocuparas por ellos. Así que entonces hizo grandes esfuerzos para hacer que los alumnos se implicaran en conversaciones sobre sí mismos. Ese trimestre, un alumno escribió en una valoración que «es como si intentara ser nuestro amigo porque no es un muy buen profesor». Y esto era justo lo que estaba haciendo.

«Era como un perro que se perseguía la cola. Iba tras algo que no podía lograr por muy rápido que fuera o por mucho que lo intentara», afirmaba Michael.

Michael se había quedado sin cosas nuevas que probar, cuando una conversación fortuita con un antiguo alumno hizo que diera un giro de ciento ochenta grados. «Me dijo, lo más delicadamente posible: "¿Por qué sigues siendo un mal maestro cuando podrías ser algo diferente y muy bueno?". Y no disponía de una respuesta –dijo Michael–. Me había fijado en mis fracasos en la enseñanza desde muchos ángulos distintos, pero no desde el básico, que era el más obvio. Quizás no esté hecho para ese tipo de trabajo».

Los engranajes empezaron a dar vueltas en la cabeza de Michael. Siempre había querido ser paramédico. «No, eso sería una locura», pensó. Pero ahora que lo pensaba, quizás pudiera ser paramédico. Así era: sería un paramédico raro con un título en matemáticas avanzadas, pero seguro que no importaba.

Tras cinco años en su nuevo trabajo, Michael sigue sintiendo la carga de adrenalina cada vez que se mete en la ambulancia para empezar su turno. «A nadie le preocupa si el paramédico no es un tipo interesante cuando llegas para salvarle la vida –decía–. De hecho, en este trabajo ser aburrido es un consuelo para las personas».

«Nunca olvidaré la sensación de la primera vez que nos pusieron a todos en fila en el colegio para medir nuestra altura y peso –explicaba Tess–. Nuestra profesora estaba de pie al lado de una báscula antigua, como aquellas en las que tienes que dar golpecitos para mover el peso que se encuentra encima de los números e intentar que la barra quede recta entre las líneas. Y ella no paraba de dar golpecitos y más golpecitos, y todos en clase pudieron ver que tuvo que desplazar el peso hasta el borde cuando se detuvo para anotar mi peso».

Tess se prometió ese día que perdería peso suficiente como para que la próxima vez que midieran la altura y el peso de los alumnos de clase nadie se quedara mirando la báscula fijamente.

Cuarenta y tantos años más tarde, Tess seguía peleándose con su peso, probando todo tipo de dietas y obsesionándose con todo lo que comía. Al igual que la lucha de Michael contra el fracaso en su trabajo, Tess iba a aprender por las malas que ningún esfuerzo puede solucionar un problema que sitúes en el centro de tu vida.

«"Inténtalo con más fuerza": eso es lo que todos aprendemos que se supone que tenemos que hacer cuando nos enfrentamos a un gran problema», decía Tess. Pero con cuanto más ahínco lo intentaba, peor era, porque cuando mantenía su foco de atención en la comida durante todo el día, perdía por partida doble: primero, porque se sentía triste a cada minuto del día intentando evitar cada caloría extra, y, segundo, porque al final acababa cediendo y se sentiría fatal por eso.

Al igual que le ocurría cuando era niña, Tess se sentía muy sola en su lucha. Por lo que ella sabía, nadie de su familia ni entre sus colegas había intentado nunca perder más de unos pocos kilos, y ninguno de ellos lo había estado intentando durante toda su vida.

Cuando vio un anuncio de una universidad local en el que buscaban voluntarios para un estudio de investigación sobre hábitos alimentarios, Tess no pensaba que fuera a encontrar ninguna respuesta, pero creyó que por lo menos podría conocer a personas que comprendieran lo que había estado pasando.

En una sesión de orientación, Tess supo que el estudio en el que se había embarcado consistía en investigar a personas que comían demasiados alimentos inadecuados. «Podrían haber realizado todo ese estudio sólo conmigo –bromeaba Tess–. Le dije eso a la mujer que estaba sentada a mi lado, que asintió como si se sintiera exactamente igual».

Los investigadores hicieron que Tess y los demás probaran distintas formas de evitar su comida basura favorita. Algunos elaboraron una lista con los alimentos que evitarían, otros tuvieron que idear planes para evitar las situaciones en las que la comida basura estuviera a su alcance o crear una lista de normas sobre qué y cuándo podían comer.

Meses más tarde, Tess conoció el resultado del estudio. Resultó que no importaba qué normas o listas o planes elaborara la gente: no consumían menos alimentos basura, sino que *comían más*.

El efecto era irónico, pero la lógica sencilla. La gente del estudio pensaba todo el día en lo que estaba intentando evitar, hasta que el esfuerzo de negárselo les derrotó. Al igual que alguien que intenta seguir la orden de «no pienses en un elefante», se enfrentaban a la imposibilidad de pensar constantemente en no pensar en algo.

Cuando los investigadores explicaron lo que habían hallado, Tess se mostró entusiasmada. «Era como ese instante en el que la luz asoma por el horizonte por la mañana –decía–. *El problema es el problema.* Lo comprendí de inmediato porque así era justo como había vivido mi vida: intentándolo con más fuerza para acabar haciéndolo peor».

Los asesores de la universidad ofrecieron ayuda a aquellos participantes en el estudio que la buscaran. Para Tess, el estudio y el asesoramiento dieron completamente la vuelta a su enfoque sobre la comida y su peso. «"No puedo" y "no", así como palabras semejantes desaparecieron de mi vida –comentaba–. En lugar de ello, me ayudaron a enfrentarme a la comida de forma más parecida a como me enfrento a las demás cosas en mi vida. No me paso todo el día pensando en una manicura: me la hago de vez en cuando y la disfruto, pero luego sigo con mi vida cotidiana. Y ahora soy así con lo que como. Consumo comida de verdad, y como alimentos basura a modo de premio de vez en cuando».

Con lentitud, pero con seguridad, Tess ha perdido un poco de peso desde que acabó el estudio. «Lo más importante es que el monstruo de los pasteles y las pastas ya no controla mi vida –explicaba Tess–. Ahora soy yo la que tiene el control».

Cuando iba al colegio, Philip Schultz tuvo que sufrir una rutina casi insoportable centrada en el problema que definió su vida. Al igual que mostraban las experiencias de Ben Curtis, Michael y Tess, y como muestran las investigaciones de Jannson y Smith, poner un problema en primer lugar cada día significa librar una batalla que vamos a perder una y otra vez. Para Philip Schultz, al igual que para los demás, el progreso no podía empezar hasta que se olvidara del problema.

Cada día, el profesor de Philip empezaba una nueva lección y él prestaba atención, sentado erguido en su pupitre, con el lápiz en la mano. Cada día intentaba hacer sus deberes, y un día tras otro fracasaba. Una y otra vez, veía cómo sus compañeros aprendían cosas nuevas mientras él se sentaba muy frustrado, esperando que no se fijaran en él.

Sus profesores sabían que no debían preguntarle, ya que nunca sabía la respuesta correcta. Con el tiempo perderían la fe en que pudieran hacer algo por llegar a él, así que lo desplazaron al fondo del aula y, poco a poco, lo apartaron de sus lecciones y sus pensamientos. Sin embargo, sus compañeros nunca perdieron el interés por el chico lento al que con tanto deleite atormentaban.

Los administradores de la escuela acabaron fijándose en Philip cuando agredió a algunos chicos que le habían molestado. El director resolvió el problema pidiendo a los padres de Philip que le buscaran otro colegio. No es de sorprender que repetir tercero de primaria en una escuela nueva fuera un proceso triste que sólo sirvió para que Philip sintiera las mismas frustraciones y fracasos que había experimentado la primera vez.

La fuente de todas sus dificultades era sencilla, pero, sobre todo, cruel para un niño que había crecido en una casa llena de libros: Philip no sabía leer. Sus progenitores, sus maestros y varios tutores habían trabajado con él durante años sin conseguir ningún progreso. Lejos de leer, para Philip era una batalla perdida tan sólo conseguir que las letras se mantuvieran en su sitio en la página. Aunque por aquella época nunca había oído la palabra, Philip era profundamente disléxico.

Un tutor consideró que la incapacidad de Philip para leer era una muestra de su pereza. Le preguntó sarcásticamente a Philip: «¿Qué vas a ser en la vida si no sabes leer?». Philip le proporcionó la única respuesta en la que pudo pensar: «Seré escritor». El tutor rio con una risa enorme que sacudió todo su cuerpo.

No ser capaz de leer fue el hecho central de la vida de Philip. Sus fracasos se acumulaban sobre otros fracasos y acabó creyendo, en lo más profundo de su corazón, que era tonto.

Convencido de que el muchacho tonto en que se había convertido nunca aprendería a leer y nunca triunfaría, Philip perdió la confianza en sí mismo, pero no dio la espalda a la versión imaginaria de sí mismo que tenía en su mente.

En ella, el Philip imaginario acababa siendo escritor. El Philip imaginario triunfaba en la escuela. El Philip imaginario lograba que las letras se mantuvieran en su sitio, porque el Philip imaginario sabía leer.

Mientras su vida real estaba definida por un problema insuperable, la del Philip imaginario se centraba en las posibilidades y las promesas.

Escondido en su habitación, liberado de la carga de sus limitaciones, Philip comenzó a trabajar con esta nueva versión de sí mismo, haciendo progresos lentamente, asociando las palabras con los sonidos que había oído a su madre leerle en voz alta.

Y en el proceso de la creación de un personaje con las características que más deseaba poseer, y convirtiéndose en él, el Philip real aprendió por sí solo a leer. Y fiel a su promesa, encontró alegría en su amor por las palabras y en la música del lenguaje. A pesar de las carcajadas de su tutor, Philip Schultz creció para convertirse en un poeta aclamado en todo el mundo.

Es revelador, para alguien que convirtió la fuente de su tristeza en la infancia en el trabajo de su vida, que la mayor fama de Schultz proceda de ganar un Premio Pulitzer con una colección de poemas titulada *Failure* («Fracaso»). Sin embargo, al volver la vista a su experiencia décadas después, Philip se concentra no en el dolor de su problema, sino en el poder de abrirse un camino a través de él. «Tenía que dejar de ver lo que todos los demás veían cuando me miraban. Tenía que dejar de ver mis fallos en primer lugar –decía–. Cuando lo hice fui libre».

La lección

El hecho de pensar una y otra vez en su problema detuvo al joven Philip Schultz en la primera página. Hizo que Ben Curtis fuera eliminado del circuito de la PGA. Dejó a Michael mareado intentando encajar en un trabajo en el que no encajaba. Condujo a Tess a que hiciera exactamente lo que estaba intentando evitar.

Pensar en los problemas en primer lugar limita lo que podemos conseguir de formas reales y tangibles.

Pensar en los problemas, ante todo, hace que tengamos diecisiete veces más probabilidades de fracasar.[2]

Imagina que estás en el circo ahora mismo.

Tus problemas se encuentran en la pista central: son el domador de leones y los trapecistas. No puedes apartar la mirada ni tus pensamientos de ellos, y ni siquiera lo intentas, porque tus problemas son fascinantes e importantes, pero también son desalentadores, intimidatorios y agotadores.

Tus soluciones (ideas transformadoras que enriquecerían tu vida) son un tipo con palomitas de maíz que sube poco a poco por un pasillo, y que resulta claramente visible al otro extremo de la carpa gigante. Puedes verlo, e incluso estudiarlo, si lo deseas, pero las probabilidades indican que nunca te darás cuenta de él porque

---

2. *Ibid.*

no está donde has entrenado a tu mente a mirar. E incluso aunque mires hacia donde está, no le prestarás ninguna atención, pero está ahí y tiene lo que necesitas.

DOS CONSEJOS: DOS FORMAS DE DESPOJARTE DE TUS PROBLEMAS AHORA MISMO

Ve a ver una película aburrida. François Jacob fue galardonado con el premio Nobel por su trabajo, que revelaba cómo los genes hacen la vida posible. La idea central de su vida no tuvo lugar durante las incontables horas que permaneció en el laboratorio, sino que las ideas le vinieron en el cine, y más en concreto mientras veía una película «aburrida» que dejó a su mente libre para vagar. Cuando estés atascado, halla una buena distracción que te aleje de tus problemas y libere tu mente.

Sé alguien distinto durante cierto tiempo. Fijarse en un problema de la misma forma una y otra vez es por completo improductivo. Fracasaremos a menos que proporcionemos a nuestra mente una forma de ver la situación desde una perspectiva nueva. Los psicólogos Darya Zabelina y Michael Robinson hallaron que el simple hecho de pedir a los participantes adultos de sus estudios que se imaginaran como niños de siete años incrementó en gran medida su producción creativa en un gran número de tareas exigentes.[3] Tendrás que ver las mismas cosas de forma distinta para conseguir nuevas ideas, de modo que fíjate en esas cosas de la misma manera en que lo haría otra persona.

---

3. Zabelina, D.; Robinson, M. (2000), «Child's play: facilitating the originality of creative output by a priming manipulation», *Psychology of Aesthetics, Creativity, and the Arts*, vol. 4, págs. 57-65.

Capítulo 2

Humanos, zombis y el problema de la supervivencia

¿Qué pasaría si pudieras pasar los próximos seis meses estudiando la felicidad y el gozo o los siguientes seis meses examinando la infelicidad y el dolor?

Es una pequeña prueba, pero en su interior se encuentra una medida de nuestra orientación fundamental en todo lo que hacemos. ¿Nos vemos arrastrados hacia el mal o hacia el bien? ¿Pensamos más en lo que deseamos o en lo que queremos evitar? ¿Empezamos buscando una solución o un problema?

En principio, ésta parece una pregunta sencilla. Tal vez el estudio sobre la felicidad sería mucho más divertido y los resultados igual de útiles (por no decir incluso más), ya que nadie va a querer imitar el comportamiento de la gente infeliz.

Sabemos cómo los psicólogos han respondido a esta pregunta en la vida real. Un investigador creó una base de datos con decenas de miles de estudios psicológicos, diferenciando entre los trabajos que buscaban lo que estaba bien en las personas y los que investigaban qué es lo que no era correcto. Los psicólogos estaban realizando un 125 % más de estudios sobre la infelicidad y los problemas que sobre la felicidad y las soluciones.[1]

---

1. CZAPINSKI, J. (1985), «Negativity bias in psychology», *Polish Psychological Bulletin*, vol. 16, págs. 27-44.

Los orígenes de nuestra tendencia a fijarnos primero en los problemas y en las malas noticias son tan sencillos y antiguos como el tiempo. Resultó fundamental para el hombre de las cavernas hace cuatrocientos mil años, así como para el profesor de psicología que estaba investigando el semestre pasado, y es fundamental para todos a los que conoces en la actualidad. Vinculamos una comprensión de los resultados negativos y del peligro a nuestra propia supervivencia. Solemos prestar atención a lo que es incorrecto profesional y personalmente y a todo lo que nos importa: desde el mal tiempo hasta el lanzamiento en el último segundo que le cuesta el partido a nuestro equipo favorito.

En una época todo esto tenía sentido. Si te centrabas en las cosas buenas de la vida e ignorabas las amenazas, un tigre dientes de sable podía devorarte para almorzar mientras estabas elaborando una lista de razones para ser feliz. Sin embargo, hoy en día esta orientación hacia el peligro, el miedo y los problemas reprime nuestra creatividad, nuestra capacidad de hallar soluciones y, en última instancia, nuestra vida, y todo ello con el fin de evitar ser devorado por un tigre dientes de sable, que es un animal que se extinguió hace doce mil años. Hemos permitido que esta asimetría entre lo malo y lo bueno persista como acto de autoprotección, pero ahora prestar atención al peligro supone una amenaza mayor para nuestra vida que el propio peligro.

En su mejor momento, a finales de la década de 1990, la serie de televisión *Seinfeld* estaba proporcionando a la cadena NBC unos beneficios anuales de doscientos millones de dólares. De hecho, la cadena estaba ganando más dinero con *Seinfeld* que con todos sus programas en horario de máxima audiencia. La serie fue un gran éxito de crítica y audiencia, y ostentaba una posición en solitario como fuerza dominante y segura en los índices de audiencia, semana tras semana. Sumó más de veinte millones de espectadores y fue considerada, por último, la mejor serie televisiva de todos los tiempos por la revista *TV Guide*. Años después, diálogos clave del espectáculo siguen apareciendo en la cultura popular (no decimos que tenga nada de malo), y la serie sigue siendo un pilar fundamental entre las redifusiones.

Hasta la fecha, tanto la estrella y coautor, Jerry Seinfeld, como el jefe de programación de la NBC, Warren Littlefield, que en última instancia fue quien hizo que la serie se retransmitiera por televisión, conservan, en sus escritorios, copias enmarcadas del mismo objeto de recuerdo de *Seinfeld*. Mientras para Jerry Seinfeld es una lección de ironía y para Littlefield una lección sobre la toma de decisiones, ambos han conservado copias del informe del público de prueba que valoraba las reacciones ante el episodio piloto de *Seinfeld*.

Un episodio piloto se hace con ese fin. Se filma un episodio entero y a escala real para que los ejecutivos de las cadenas de televisión estudien si creen que a los espectadores les gustará el programa. Basándose en el episodio piloto, las cadenas hacen encargos para una serie de episodios para toda o una parte de la temporada, o aparcan el proyecto por completo.

¿Qué dijo el público de prueba sobre *Seinfeld*? Lo odiaron. No les gustaron los personajes, el estilo, el marco ni la historia. George era un «perdedor» y un «pelele». La vida de Jerry era «aburrida». Y el personaje de Kramer (que entonces se llamaba Kessler) no tenía sentido. Sólo Elaine escapó al escarnio de los espectadores, ya que su personaje todavía no se había creado. Incluso el formato del espectáculo, en el que aparecían fragmentos de monólogos humorísticos antes y después de la trama, le resultaba desagradable al público.

El propio Jerry Seinfeld describe, de manera burlona, que el informe de la prueba mostraba que la obra «no gustó a toda la gente, incluyendo desde seres humanos a zombis». Pero el informe sugería algo mucho peor para la cadena televisiva: el episodio piloto no gustó a nadie. Brandon Tartikoff, jefe de Littlefield en la NBC, leyó el informe y comprendió de inmediato que los espectadores pensaron que *Seinfeld* era «demasiado judío y excesivamente neoyorquino».

Littlefield afirmó que los resultados de la prueba habían sido «flojos» y «desastrosos». Pensaba que Seinfeld (la persona) era muy divertido. Consideraba que *Seinfeld* (la serie) tenía un potencial enorme, pero el informe de los espectadores amenazaba. «Nos asustó», comentó.

Y ese miedo lo englobaba todo. «Aquí tenemos un resultado –dijo Littlefield–. Tenemos que pensar en ello. Tengo que dar cuentas de ese resultado. Si me la juego por una serie que las investigaciones han dicho que fracasará, ¿cómo me lo explicaré?».

Littlefield consideró que la decisión que tenía que tomar con respecto a *Seinfeld* suponía un problema peligroso. Si lo eludía, echaba a perder talento y potencial. Por otro lado, si invertía una cantidad generosa de dinero en una mala serie, una serie que sabía que era distinta de lo habitual y a la que los espectadores de prueba se mostraban reacios, sería él el responsable. Sería muy difícil entrar en una sala de juntas y explicar por qué hizo una serie basada en personajes, historias y un formato que no gustaba a nadie.

Littlefield y su equipo ignoraron *Seinfeld*. En cambio, dieron luz verde a *Sister Kate*. «Decidimos apostar por aquello que había obtenido unos buenos resultados en las pruebas. Escogimos a una monja que cuidaba de huérfanos en lugar de a *Seinfeld*», admite Littlefield.

El entusiasmo en la cadena televisiva por *Sister Kate* y sus adorables huerfanitos era tal que encargaron episodios para toda una temporada. La monja y sus pupilos eran cercanos, honestos y familiares, pero la serie se canceló incluso antes de que concluyera la primera temporada porque era bastante mediocre. (Aquí tenemos un chiste real de *Sister Kate*, en el que la hermana Kate describe a su amiga, April, que conduce muy despacio: «Cuando el límite de velocidad sea de cuarenta kilómetros por hora, ¡conduce a treinta y nueve kilómetros por hora!»).

Pese a que *Sister Kate* no podía ser menos aterrador ni perturbador, el mundo de *Seinfeld* estaba lleno de ira y pequeños enojos, desesperación y frustración, además de simples y llanas singularidades. Mientras Seinfeld describió en una ocasión a *Seinfeld* como la serie sin abrazos, *Sister Kate* era la mismísima encarnación de la serie que abraza a sus espectadores.

«Si, partiendo de la situación, das un paso atrás, es difícil imaginar que *Sister Kate* funcionara de verdad. Quiero decir si se pudiera concebir que se convirtiera en un éxito –admite Littlefield–. Pero si volvieras adonde estabas en ese momento y tuvieras un gran número de palabras maravillosas sobre una serie y, básicamente, desprecio por la otra, ¿cuál escogerías?».

Ése es el encanto del problema. Aporta más sensación de seguridad. Es más fácil de explicar. Pero cierra nuestra mente a las posibilidades.

El episodio piloto de *Seinfeld* acabó retransmitiéndose por la NBC, no porque los ejecutivos hubieran cambiado de idea, sino porque se habían quedado sin material nuevo para su cadena y, tradicionalmente, «quemaban» episodios piloto desechados en franjas horarias estivales vacías. No es de sorprender que la emisión, una noche de verano aleatoria, del único episodio de un nuevo espectáculo que no había recibido publicidad no atrajera a una gran audiencia.

Pero este espectáculo se ganó un seguidor: Rick Ludwin, el ejecutivo de la NBC al cargo de la programación nocturna y las emisiones especiales. Ludwin vio algo en *Seinfeld* que no había visto en ningún otro lugar en la franja televisiva de máxima audiencia: humor original, sin ninguna mínima variación de la antigua fórmula. Aunque nunca habían hecho nada igual, Ludwin se ofreció a pagar cuatro episodios más de *Seinfeld* con su presupuesto para los programas nocturnos. Con esa pequeña porción a modo de inauguración (los cuatro primeros episodios), después se encargó media temporada y, a continuación, toda una temporada de la serie, y la serie que no gustaba a nadie se convirtió en la comedia más valorada de toda la televisión.

Con veinte años para pensar en cómo casi pasó por alto retransmitir la mayor fuente de riqueza de su carrera, Littlefield apunta al poder del miedo. Las investigaciones sobre la audiencia, afirma ahora, siempre van a escupir su primera sensación sobre cualquier espectáculo que no sea «fácil de digerir» o «que intente ser extraordinario y diferente». Pero es esa cualidad extraordinaria la que puede atraer a los espectadores y aferrarse a ellos. Es esa cualidad extraordinaria la que intentaba encontrar en su trabajo.

Littlefield mira ahora el informe de investigación de *Seinfeld* y sonríe. «Se pregunta por qué no le gustan a nadie estos personajes y por qué la serie no funcionará nunca». Del mayor error que estuvo a punto de cometer ha aprendido que debes pasar por alto advertencias que te impidan actuar. «Olvida las investigaciones –afirma ahora–. Se trata de una visión».

La lección apenas ha calado en la industria televisiva. Jeff Zucker, que más tarde dirigió la NBC durante una década, advierte que no sería posible retransmitir *Seinfeld* en una red de cadenas televisivas. Incluso aunque sobreviviera a la debacle del episodio piloto, no se le habría dado la oportunidad de crear una audiencia. «Si no fuera un éxito de inmediato, desaparecería», decía Zucker. ¿Por qué? «Nadie tendría las agallas de dejar que encontrara su camino».

La primera noche fue una fiesta del destino. Gina y Kevin iniciaron sesión el mismo jueves por la tarde para jugar a *Palabras con amigos*, un juego en internet parecido al Scrabble. Al contrario que el nombre del juego, ninguno de ellos buscaba un amigo contra el que jugar, sino que optaba por un rival aleatorio. Podían formar equipo con cualquier persona de cualquier lugar, pero el juego los emparejó para que jugaran el uno contra el otro.

Pronto, el cuadro para chatear se llenó de frases mientras los dos mezclaban, alegremente, elogios y pequeñas pullas, colocando palabra tras palabra en el tablero de juego. Después de que Gina ganara a lo grande usando las siete letras para formar la palabra *euforia*, ambos clicaron, una y otra vez, el botón para volver a disputar una partida el uno contra el otro y, en un visto y no visto, a la primera partida de inmediato le siguió la segunda, la tercera y la cuarta. Para el final de la noche, habían concertado una cita virtual para volver a jugar juntos. Volvieron a jugar y a chatear, pasando de una conversación sobre el juego a intercambiar historias sobre su trabajo y su vida. Cuando acabó el fin de semana, después de comentar dónde vivían, se sorprendieron al averiguar que en un juego que tenía un seguimiento internacional, vivían a tan sólo unos trescientos kilómetros el uno del otro. *Euforia* fue la palabra que acudió a la mente de ambos.

Al contrario que los informes de investigación sobre *Seinfeld*, todos los indicios eran positivos. Era fácil avanzar.

Tres semanas más tarde quedaron para comer. Al principio fue extraño. Eran dos personas que se sentían conectadas, aunque se acababan de conocer. No estaban seguros de si se trataba de una comida con un amigo o con un desconocido. Dudaron un poco buscando temas de conversación, sintiendo la presión de llenar los huecos que no parecía que existieran entre ellos cuando se encontraban inmersos en el juego, frente al ordenador y a trescientos kilómetros de distancia. En busca de esa sensación, esa química que había sentido antes, Kevin sugirió, medio en serio, que pusieran en marcha *Palabras con Amigos* y que fingieran que no estaban sentados a un metro el uno del otro.

Dirigiéndose de vuelta a casa, Kevin pensó que Gina era suficientemente agradable, pero que sus yos en la vida real no encajaban tan bien como sus yos virtuales. Gina, por otro lado, veía las cosas de forma bastante distinta. Kevin llegó a casa y se encontró con varios correos electrónicos de Gina, incluidos uno con el encabezado «Lista de Gina de los momentos más destacados de la cena», otro con un resumen de las mejores palabras que cada uno de ellos había jugado durante sus viejas partidas de *Palabras con Amigos*, y un tercero en el que decía que compartían algo especial.

Kevin se quedó sorprendido al comprobar que la percepción de Gina sobre la velada y, sobre todo, en general, era muy distinta a la suya, y que ella había dedicado mucho esfuerzo a catalogar cada momento que habían compartido. Para Kevin veían las cosas de forma tan diferente que en realidad no tenían futuro.

Gina no se tomó el rechazo muy bien. Tras varias súplicas para que Kevin cambiara de parecer, inició una serie de intrusiones no deseadas en la vida de Kevin. Le dejó correos electrónicos y mensajes de voz y de texto. Apareció de madrugada en su portal. Gina siguió a Kevin a un bar donde se iba a reunir con unos amigos. Sus súplicas por una segunda oportunidad dieron lugar a que emitiera vagas advertencias.

Kevin estaba petrificado. Obviamente, Gina estaba desequilibrada, ¿pero conduciría esto a algo peor? ¿Saldría Kevin un día de su casa para encontrarse con los neumáticos de su vehículo pinchados? ¿Era ella capaz de ejercer algún tipo de violencia?

Cuando Kevin fue a los juzgados para buscar una orden de alejamiento, sus pruebas de acoso no sólo incluían mensajes de voz, correos electrónicos y textos, sino además un vídeo que Kevin grabó con su teléfono móvil que mostraba a Gina gritándole obscenidades desde la acera que había frente a su casa.

Por último, aunque el viaje a los juzgados pareció hacer que Gina desistiera de su comportamiento delirante, los peores efectos del acoso todavía estaban por llegar.

Kevin advirtió que había cambiado. Antaño era la viva imagen de la tranquilidad, y ahora estaba agitado y nervioso. Antes rebosaba confianza y era cariñoso, mientras que ahora se mostraba distante. «Siempre siento como si alguien me estuviera mirando. Siempre estoy mirando por encima de mi hombro», decía Kevin.

«En una vida normal, nunca pensé en lo que causa a una persona estar siempre asustado –comentaba Kevin–. Casi todo lo que hacía lo daba por hecho. Podía hacer las cosas sin pensármelo dos veces. Pero cuando estás asustado ésa es la única cosa que viene a tu mente con facilidad. Es la única cosa. Todo lo demás es una batalla».

Cuando Kevin conoció a alguien un año después, la relación era realmente prometedora. Kevin pensó que podía tratarse de una relación buena. Se fueron a vivir juntos, y Kevin empezó a pensar que la boda era inminente.

Pero se había acostumbrado a vivir al límite, siempre preparado para discutir y acabar airado. Kevin estaba envenenando una relación que debería haber adorado. Incluso despertar entre los brazos de su novia podía producirle un breve episodio de pánico mientras pensaba, durante un instante, que la persona que yacía a su lado podía haber allanado su hogar.

«Si el objetivo de todo esto era hacer que me sintiera desgraciado, funcionó mucho mejor de lo que Gina pudiera haber imaginado –afirmaba Kevin–. Porque envenenó cada uno de los aspectos de mi vida. Perdí mi relación, me mudé, perdí mi paz. Incluso perdí la noción de quién era. Todo eso naufragó en medio del miedo y el odio».

Kevin actuó debido a un instinto básico de supervivencia. Tomó el que era, con mucho, el mayor problema al que se enfrentaba y le dedicó mucha atención. Y en el proceso hizo que empeorara. Incrementó el problema. Acrecentó el problema dándole un lugar importante en su vida en un momento en el que podría haber quedado reducido a un mal recuerdo. Empezó como un impulso de autoprotección, pero acabó con una calidad de vida empobrecida.

«Tienes que empezar a vivir de nuevo», se dice Kevin ahora a sí mismo.

Acaba de tocarte la lotería. Ha llegado el mayor cheque que has visto nunca, y se encuentra a buen recaudo en tu cuenta bancaria. Es la buena suerte repentina con la que la gente sueña y desea durante toda su vida.

¿Cuán feliz eres ahora? ¿Has sido más feliz alguna vez? ¿Es cada parte de tu vida mejor ahora? ¿Están desapareciendo tus problemas?

Conocemos la respuesta a estas preguntas porque Philip Brinkman halló a personas a quienes les había tocado la lotería y les preguntó sobre su felicidad en general y sus alegrías y frustraciones cotidianas.

Con el fin de comparar, hizo las mismas preguntas a un segundo grupo de personas cuyas vidas eran muy parecidas, excepto por una cosa: al igual que la mayoría de la gente, nunca les había tocado la lotería.

¿Qué grupo crees que es más feliz: el de aquellos a los que les ha tocado la lotería o la gente normal? La respuesta parece obvia.

Pero la respuesta obvia es incorrecta. La buena suerte puede ser peor que no tener fortuna, ya que *los que habían obtenido un premio en la lotería obtuvieron un 10 % menos de placer de los sucesos de la vida cotidiana que la gente normal.*[2] Incluso cuando se les preguntaba cuán felices se imaginaban que serían en el futuro, los ganadores de la lotería no eran más optimistas que la gente corriente.

Las personas a quienes les toca la lotería son, básicamente, gente corriente con un millón de dólares más en el bolsillo. ¿Cómo pueden no ser más felices que su prójimo? ¿Cómo pueden ser menos felices? Esto no tiene sentido.

Pero así es como estamos programados. En última instancia, las cosas buenas son secundarias con respecto a las malas. Lo bueno se estropea con el tiempo. Nos acostumbramos a las cosas buenas y eso hace que aumenten nuestras expectativas. Si te gastas el premio en una casa enorme, en algún momento dejará de ser una casa sorpren-

---

2. BRINKMAN, P.; COATES, D.; JANOFF-BULMAN, R. (1978), «Lottery winners and accident victims: Is happiness relative?», *Journal of Personality and Social Psychology*, vol. 36, págs. 917-927.

dentemente grande y agradable y se convertirá en tu casa. Y lo bueno hace que otras cosas parezcan aburridas. Después de haber sido agraciado con la lotería ¿cuán emocionado estarás tras leer un artículo interesante en una revista o comprarte unos bonitos pantalones? Lo bueno se desdibuja.

Las cosas malas, por otro lado, siempre nos resultan atractivas. Lo malo es tan cautivador que, incluso cuando disponemos de todos los incentivos para valorar más lo bueno que lo malo, valoramos más lo malo que lo bueno.

Estáis casados y habéis acordado responder a algunas preguntas sobre vuestra vida y vuestra relación. En realidad se trata de cosas básicas. Pero tu esposa y tú tenéis que estar juntos para la entrevista.

Os conducen a una pequeña sala. Os sentáis el uno al lado del otro junto a una mesa, con el investigador al otro lado. Hay un espejo polarizado detrás del investigador. Es de imaginar que alguien al otro lado está tomando notas.

Las preguntas son sencillas. Quizás un poco impertinentes, pero nada del otro mundo. ¿Dónde os conocisteis? ¿Quién saca la basura? ¿Cómo os gusta pasar el tiempo libre?, etcétera.

El investigador quiere oíros a los dos, así que puede llevar un tiempo completar incluso una pregunta fácil.

¿Le sonríes a tu esposa? ¿La escuchas atentamente? ¿Asientes? ¿Tocas la mano o el hombro de tu mujer en algún momento durante la entrevista?

¿Interrumpes a tu esposa para añadir o corregir algo? ¿Miras para arriba ante una crítica o una respuesta embarazosa? ¿Te mueves incómodo en tu asiento cuando tu mujer sigue hablando?

En realidad, a los investigadores no les importa dónde os conocisteis o quién saca la basura. Quieren saber si es más probable que imites los comportamientos amistosos u hostiles de tu esposa.

Aunque todo resultaría más sencillo en la vida si repitieras más lo bueno que lo malo, de hecho, es cinco veces más probable que repitamos los gestos hostiles.[3] Eso significa que por cada cosa que hagas mal es preferible que hagas cinco cosas bien, o estarás retrocediendo.

Las investigaciones también muestran que nuestra tendencia a concentrarnos en lo que está mal no sólo está desfasado como instinto de supervivencia, sino que de hecho se ha convertido en una carga activa para nuestra especie. Con fines de supervivencia, una vida sexual sana y satisfactoria debería dar lugar a una relación que medrara y, por tanto, maximizar la probabilidad de la reproducción, pero cuando la vida sexual de una pareja es buena, las investigaciones muestran que sólo supone el 20 % de la satisfacción de su relación. Sin embargo, cuando la vida sexual de una pareja es insatisfactoria, ese hecho supone el 75 % de la insatisfacción de su relación. En otras palabras, el buen sexo no nos mantiene juntos, pero el mal sexo nos separa.[4]

Las cosas negativas importaban más que las positivas, el miedo gobernaba los días y los problemas definían la vida de aquellos a quienes les había tocado la lotería, de las parejas casadas, de Kevin y de la NBC. La inclinación del miedo primigenio a ver lo malo por encima de lo bueno ha sobrevivido durante demasiado tiempo. Permitir que manden nuestros impulsos naturales hace que tengamos miedo y que estemos cabizbajos todo el día. Sería más que suficiente con dejar al hombre de las cavernas dentro de su guarida todo el día, pero tenemos que salir de la cueva.

Salir a divertirse, no obstante, es exactamente lo que resultaba cada vez más difícil y frustrante para Claire.

---

3. GOTTMAN J.; KROKOFF, L. (1989), «Marital Interaction and Satisfaction: a longitudinal view», *Journal of Consulting and Clinical Psychology*, vol. 57, págs. 47-52.
4. McCARTHY, B. W. (1999), «Marital style and its effects on sexual desire and functioning», *Journal of Family Psychotherapy*, vol. 10, págs. 1-12.

«Parece ridículo, lo sé –reconoce Claire–. ¿Cómo puedes mostrarte reacia a salir por la puerta tras salir por esa misma puerta durante cuarenta años? Pero es distinto cuando no tienes ningún lugar al que ir».

Después de trabajar en la banca, incluso en aquella época en que existían las cuentas con cartilla y las tostadoras gratuitas, Claire había ascendido desde la oficina de clasificación de correspondencia a gerente de sucursal y luego a jefa de división, para después pasar a ocupar una plaza en el equipo de alta dirección en la sede de la corporación. Se considera muy afortunada porque toda su carrera le proporcionó un trabajo que, en su opinión, era un desafío y útil. «Vas por toda la ciudad y no puedes evitar verlo –decía Claire–. Allá donde te dirijas ves un negocio construido sobre un préstamo de mi banco, ves a una familia que se muda a una casa comprada con una hipoteca concedida por nosotros, ves a clientes que vivieron su vida alrededor de los ahorros que tenían en nuestro banco semana tras semana, año tras año».

Día tras día en la oficina, Claire era siempre una persona que tomaba decisiones. «Incluso cuando estaba empezando, después de unas semanas, estaba reorganizando cómo lo archivábamos todo –afirmaba–. Y al final, estaba tomando decisiones que estaban relacionadas con cantidades de siete y ocho cifras incluso antes de acabarme mi primera taza de café».

Ahora su agenda es menos emocionante.

«Me visto. Desayuno. Parece que quiero ir con prisas para prepararme, pero ¿para qué? –comentaba–. Corro para dirigirme a ningún sitio».

Lo que empeora las cosas es que Claire reconoce que está luchando contra algo que debería valorar. «¿Qué es el tiempo? El tiempo es el mayor valor que puedes poseer. Incluso los faraones se quedaban sin tiempo. ¿Y qué estoy haciendo yo con el mayor valor que puedo poseer? –se preguntaba–. Lo he convertido en nada. Peor que nada. Se ha transformado en una amenaza que tengo que intentar controlar, domar y evitar que me destruya. Es gracioso, ¿verdad? Intentar evitar que la existencia me destruya».

La jubilación fue, en un tiempo, una expectativa que había agradecido. Parecía, en el horizonte, una serie de posibilidades. Sin embargo, ahora que está jubilada tiene problemas para recordar cualquiera de esas posibilidades. Todos en su vida le dicen que es libre, mientras que ella se siente atrapada. «¿Libre para hacer exactamente qué? –se pregunta–. Porque no tengo ni la más mínima idea».

Pensó en formar parte de distintos grupos, pero si la gente era demasiado joven sentía que era la mujer mayor que acababa con la diversión. Y si las personas eran demasiado mayores, se sentía como otra anciana perdida entre todas aquellas canas.

«Tengo esta sensación recurrente de que aparezco en una fiesta a la que no estoy invitada», explicaba Claire. Anhela lo conocido, algo que le haga sentir cómoda. «En lo único en lo que puedo pensar es en volver al banco, pero me he jubilado».

Aunque no tenía un miedo tangible como Kevin o los ejecutivos de la NBC, el problema de Claire no era más que un rasgo central de su vida. De hecho, una vez que convirtió su jubilación en un problema, no podía ver ninguna salida.

«La gente dice: "Tienes tiempo para hacer cualquier cosa. Prueba con algo nuevo". Pero ¿recuerdas esa sensación el primer día que fuiste al jardín de infancia? Eso fue hace sesenta años en mi caso. Lo recuerdo, y fue terrorífico. Podría pasar por eso o quedarme en casa, así que me quedo en casa».

En cada ámbito de la vida, tener las agallas para superar las reacciones negativas, las malas noticias y el miedo nos abre todo un mundo de posibilidades. De hecho, superar el miedo hace que sea posible redefinir un problema o incluso todo el universo.

La imagen de Albert Einstein, el físico más respetado del mundo, sacando la lengua como un niño travieso de cuatro años sigue siendo llamativa incluso hoy en día, casi siete décadas después de que se tomara la fotografía. ¿Cómo podemos conciliar nuestros pensamientos sobre un hombre que poseía una mente tan grande y unas inclinaciones tan juveniles?

Pero ésa es la pregunta equivocada. Dale la vuelta por completo a la pregunta y, de inmediato, el comportamiento frívolo parece que no tiene precio. Después de todo, ¿hay algún gran pensador sin algunas tendencias inusuales? ¿Hay alguna gran mente tímidamente destinada a la conformidad?

Aunque tonta y trivial en la superficie, la fotografía de Einstein revela algo esencial sobre las grandes ideas y la gente que las crea. ¿Sabes lo que hizo Einstein cuando vio esa fotografía por primera vez? No se avergonzó ni apartó la mirada. No se disculpó en público ni prometió que sería más maduro. Pidió una copia de la fotografía. Luego hizo que la recortaran, de modo que el foco se centrara por completo en su cara (y su lengua). Y luego sacó copias a modo de tarjetas para escribir notas, de forma que cuando deseara escribir una nota a uno de sus doctos y respetables colegas, la persona en cuestión no tuviera más remedio que ver primero a Einstein sacando la lengua.

Cuando Einstein fue galardonado con el premio Nobel, no fue tanto su discurso en el que aceptaba el galardón, sino lo que hizo después, lo que ilustra la naturaleza de su capacidad para dejar a un lado lo que los demás asumen y ver las cosas de una forma diferente. Einstein se marchó de Estocolmo para visitar a su amigo Niels Bohr, el famoso físico, en Copenhague. Bohr se reunió con Einstein en la estación de tren de Copenhague y lo condujo hacia un tranvía que los dejara cerca de la casa de Bohr.

Tomaron asiento en el tranvía y en poco tiempo se enfrascaron en una profunda conversación sobre su tema favorito: la mecánica cuántica. Cuando a Bohr se le ocurrió levantar la mirada, habían llegado al final del recorrido y se habían pasado su parada. Avergonzado, Bohr decidió que tomarían el tranvía que iba en el sentido contrario. Pese a que estaba decidido a bajarse en la parada adecuada, Bohr se implicó tanto en una discusión con Einstein que cuando volvió a levantar la mirada habían vuelto al punto de partida, entrando de nuevo en la estación de trenes de Copenhague. Mientras conducía a su amigo hacia el tranvía para acometer un tercer intento para llegar a casa, Bohr se sintió ridículo. «Puedo imaginarme muy bien qué estará pensando la gente», dijo Bohr, asumiendo que el conductor debía haber imaginado que esos dos hombres que iban y venían con el tranvía no estaban bien de la cabeza. Lo que también fue obvio para Bohr es que a Einstein ni se le ocurrió pensar, y mucho menos preocuparse, de que los demás los consideraran raros. Tanto si se trataba de sus teorías, o incluso de sus métodos de usar el transporte público, Einstein no buscaba la aprobación de nadie.

En esos pequeños momentos de la vida de Einstein traslucía la esencia de su fortaleza. Su superpoder, por así decirlo, era la voluntad de existir dentro de su propio mundo, sin perder ni un momento atrapado en el problema del miedo. Podía tener pensamientos totalmente carentes de miedo. Podía aventurarse por un camino que nunca antes hubiera recorrido nadie. Y era capaz de hacerlo sin titubear porque no estaba esquivando el peligro y no le preocupaban las consecuencias.

De hecho, Einstein veía sus propias fortalezas de forma parecida. «Soy un caballo para un solo arnés, y no uno hecho para el trabajo en pareja o en equipo», escribió. Comprendía que la mayoría de la gente tendría problemas para vivir fuera de los límites marcados por el juicio de los demás. Conlleva fuerza, y a veces es necesaria voluntad para destacar claramente entre tus compañeros, pero incurriendo en el coste de esta distancia, Einstein afirmó: «Me compensa porque se me considera independiente de las costumbres, opiniones y prejuicios de los demás y no me veo tentado a basar mi paz en esos cimientos cambiantes».

Aunque su independencia no tenía precio en su trabajo, Einstein rara vez se consideraba superior a los demás. En su lugar, argumentaba que todos subestimamos nuestras capacidades porque tendemos a fijarnos en nosotros mismos desde el ángulo equivocado. «Todo el mundo es un genio –afirmaba Einstein–, pero si juzgas a un pez por su capacidad para trepar a un árbol, pasará toda su vida pensando que es estúpido».

La lección

El miedo al problema hizo que Kevin estuviera alejado de su corazón y su hogar y que Claire permaneciera encerrada en su casa. El miedo hizo que *Seinfeld* estuviera en una estantería mientras la NBC invertía en la completamente olvidable *Sister Kate*. Y fue la extraordinaria ausencia del impulso del miedo lo que ayudó a que fuera posible la carrera de Albert Einstein.

El miedo al problema está ahí, y mientras antes nos protegió de una muerte precoz a manos de los predadores, hoy evita que vivamos una vida plena al ubicar todos nuestros problemas en el centro de nuestro campo de visión. **Es el miedo al problema lo que hace que las cosas malas en nuestras relaciones tengan una influencia cinco veces superior a las buenas**. Es el miedo primigenio lo que hace que los psicólogos, que deberían ser capaces de superar unas tendencias anacrónicas e instintivas, dediquen el doble de esfuerzo a estudiar lo que falla en nosotros en lugar de lo que está bien.

Permitir que el miedo dirija nuestra vida, dejar que el miedo otorgue preponderancia a nuestros problemas es muy parecido a rehusar subir más arriba del primer peldaño de una escalera cuando estás pintando una casa de dos plantas. Esa opción es más segura, eso está claro, pero sólo si, en realidad, no quieres lograr nada.

DOS CONSEJOS: A DOS PASOS
DEL PROBLEMA DEL MIEDO

Haz algo que nunca hayas hecho antes. ¿Qué hizo Neil Young después de lanzar su canción «Heart of gold»? En lugar de preocuparse por si podría volver a repetirlo, siguió una dirección musical del todo nueva. «Esta canción me situó en medio de la carretera –decía–. Viajar por la misma pronto fue aburrido, así que me dirigí hacia la cuneta. Fue un viaje más accidentado, pero allí conocí a más gente interesante». En el proceso mantuvo una carrera que se ha prolongado a lo largo de más de cuatro décadas. Existe una gran libertad de pensamiento cuando no te limitas a lo que ya conoces y a lo que ya has hecho. Haz algo hoy (lo que sea) que sea del todo desconocido para ti.

Cómete una chocolatina. En lugar de con el miedo, en realidad pensamos con más claridad cuando sentimos un poco de alegría. ¿Cómo se puede conseguir? Es tan sencillo como una chocolatina. Alice Isen y sus colegas llevaron a cabo un experimento con médicos.[5] La mitad recibió una pequeña bolsa de chucherías llena de barritas de chocolate en miniatura y la otra mitad no. Dieron a todos los médicos el mismo historial de un paciente y les pidieron que dieran un diagnóstico. Los que comieron chocolate por lo general solían dar el diagnóstico correcto (hepatitis crónica activa), y también actuaron mejor en una prueba de creatividad. Incluso la fuente más diminuta de alegría estimulará mejores ideas.

---

5. ESTRADA, C.; ISEN, A. M.; YOUNG, M. J. (1994), «Positive affect influences creative problem solving and reported source of practice satisfaction in physicians», *Motivation and Emotion*, vol. 18, págs. 285-299.

Capítulo 3

El poder y el problema del farb

¿Qué pasaría si un día mandaras?

Eres el presidente, el papa o el director ejecutivo de una compañía gigante. ¿Qué vas a hacer?

Te buscarás problemas porque con ellos tu persona adquirirá relevancia. Es perfecto estar al mando, pero si no te tienes que enfrentar a ningún problema, ¿qué diferencia habrás supuesto?

Aunque parezca la premisa de un *reality* de la televisión, la leyenda dice que Saul Wahl fue, literalmente, rey de Polonia por un día en 1587. Y ese día identificó veintiséis problemas y dio más de sesenta órdenes.

Los problemas pueden muy bien hacer que nos detengamos en seco, y buscar problemas también puede poner en marcha nuestros impulsos de miedo primigenio, pero al mismo tiempo son una gran fuente de urgencia. Un problema es alarmas, acción y consecuencias. Es algo muy seductor, y su control sobre nosotros es universal. No se trata tan sólo de ser reyes por un día, sino que permanece en todos nosotros todo el tiempo. Todos se sienten más importantes al señalar problemas.

Nos involucramos en los problemas como si fuéramos agentes de policía poniendo multas. Los problemas hacen que nos sintamos vivos. Si no tenemos un problema, tenemos un problema.

Entre los numerosos tesoros que han encontrado su camino hasta llegar al Salón de la Fama del Rock and Roll desde famosos escenarios y estudios de grabación de todo el mundo, tenemos un trozo de papel viejo. No contiene la letra de una canción, ni melodías, ni grandes planes para un álbum, ni un concierto garabateados en él; sin embargo, este documento es un leve indicio de una revolución que llegaría una década más tarde y cambiaría no sólo la música, sino casi todo. Sucinto y preciso, las notas de instituto de John Lennon sugieren que se trataba de un estudiante más bien poco entusiasta que nunca sabía la respuesta correcta porque estaba demasiado ocupado observando las cosas de una forma distinta a como lo hacían los demás.

Debajo de sus notas mediocres, un profesor de la escuela Quarry Bank anotó en el espacio para los comentarios que Lennon había obtenido «unos resultados pobres debido al hecho de que pasaba la mayor parte de su tiempo concibiendo comentarios "ingeniosos"». Por temor a que su significado se malinterpretara, escribió «ingenioso» entre comillas. Es decir, Lennon no sólo perdía su tiempo con el humor, sino que ni siquiera tenía el ingenio de un muchacho formal. Ciertamente, no decía nada que sus profesores encontraran divertido ni interesante. Si pudiera dejar a un lado sus juegos de palabras sin sentido y su frivolidad, pensaban sus profesores, quizás podría llegar a ser alguien.

Este comentario de un fracaso conservado para siempre en una casa del triunfo nos dice algo importante sobre nuestra pasión por los problemas. Los profesores de John Lennon habían sido formados para impartir lecciones convencionales y hacer valoraciones convencionales para alcanzar un éxito convencional. Creían que salirse de ese proceso era, con toda seguridad, un camino hacia el fracaso, y estaban atentos para detectar los primeros signos de que alguien se estuviera encaminando hacia esa dirección.

Para erradicar este problema, se educó a Lennon en una disciplina constante. Día tras día era castigado después de clase. Se sentaba, agachado sobre sus papeles, escribiendo «No debo...» una y otra vez, antes de completar la frase con el motivo de su última ofensa. En otras ocasiones, hacían que Lennon llevara a cabo tareas pesadas y aburridas en la escuela. Y cuando los castigos tradicionales no surtían efecto, Lennon debía acudir al despacho del director para que lo castigara con una vara.

Los funcionarios de la escuela veían el problema con gran claridad, y estaban completamente seguros de las consecuencias. Lennon había empezado en la escuela Quarry Bank en el grupo A, un grupo de estudiantes a los que se les impartían los cursos más exigentes y que se esperaba que acabaran en buenas universidades. Durante el segundo año lo pasaron al grupo B. Para el final del cuarto año permaneció en el grupo C, del que se esperaba muy poco. Cuando llegó al grupo C, sus notas ya no mostraban leves amonestaciones, sino que expresaban la situación en términos muy duros. «Sin duda, se encuentra en el camino hacia el fracaso», aparecía en unas notas de final de curso. Es, en una palabra, un «inútil». Para el director, las pruebas eran claras y convincentes: ese muchacho no tenía ningún futuro.

Más adelante, el personal mostró su satisfacción ante los exámenes de selectividad británicos. Lennon suspendió nueve de nueve exámenes, tal y como habían predicho.

Nadie apreció las extraordinarias ideas y los puntos de vista realmente originales que su estudiante más fastidioso era capaz de tener. Tampoco sus profesores, que llevaban unas batas negras, que imponían y trataban con prepotencia a los estudiantes, quienes llevaban unas americanas negras a juego, cada una de ellas con el escudo con su lema en latín (*Ex hoc metallo virtutem...* [«A partir de este áspero metal forjamos la virtud»]), nunca se dieron cuenta de lo que su alumno se estaba enseñando a sí mismo cuando no estaban mirando.

Cuando no lo veían, Lennon devoraba libros, leía, escribía, dibujaba y pensaba. Creó su propia revista, *Daily Howl*, repleta de sus propias historias, poemas y viñetas. Empezó leyendo con fruición una colección de veinte volúmenes de los grandes relatos breves del mundo cuando tenía diez años. Era, irónicamente, un estudiante modelo cuando no estaba en clase.

Pero no era una pieza de metal que se prestara a ser forjada. Aborrecía la disciplina, que le dijeran qué tenía que hacer o cuándo hacerlo. Odiaba tener que encajar en los patrones y juicios opresivos del personal de la escuela Quarry Bank, así que no lo hizo.

Lo que es evidente es que no eran sólo los funcionarios de la escuela los que clasificaron a Lennon como una fuerza perturbadora y sin objetivos. Todos lo veían. «Era aquel del que todos los progenitores de los otros muchachos (incluido el padre de Paul) decían: "Mantente alejado de él"», relató Lennon más adelante. Imagínate si el padre de Paul McCartney hubiera logrado su objetivo.

Incluso en casa, la tía que lo crio entraba una y otra vez en su habitación para juntar las pilas de escritos y tirarlas a la basura, por temor a que la vivienda acabara patas arriba. En el instituto, a medida que florecía su devoción por la música, le dio su conocido consejo: «La guitarra está muy bien John, pero nunca te ganarás la vida con ella».

El problema resultaba obvio para todo el mundo. Este muchacho no estaba haciendo lo que se suponía que debía hacerse. Este problema, al igual que todos los problemas, exigía una respuesta. Empujaremos con fuerza e intentaremos alejar los problemas de nuestro camino. Y disfrutaremos con el esfuerzo porque es agradable tener la razón. Resulta reconfortante saber qué hacer.

Por otro lado, las promesas, el potencial y las respuestas son difíciles de ver. Puede que no lo hayamos acabado de ver antes. Quizás no lo reconozcamos. Y aunque lo hiciéramos, ¿qué haríamos con ello? ¿Cómo lo fomentaríamos? Para admitir que Lennon era brillante y que apuntaba maneras, sus profesores tendrían que haberse rendido a la incertidumbre y arriesgar su propia irrelevancia. Para admitir que Lennon era brillante y que apuntaba maneras, tendrían que haber reconocido que quizás él podría enseñarles más cosas que las que ellos podían enseñarle a él. En lugar de ello, los profesores de Lennon etiquetaron como un problema al estudiante más extraordinario al que nunca conocerían.

Por suerte, Lennon nunca se creyó la opinión generalizada sobre él. «Cuando tenía unos doce años, solía pensar que era un genio, pero que nadie se había dado cuenta», decía recordando sus años en la escuela.

Una década después de abandonar la escuela Quarry Bank, Lennon volvió a oír hablar de su colegio. Un alumno que estudiaba en ella le escribió una carta. Le explicaba que estudiaban las letras de sus canciones en clase de lengua inglesa para descifrar su significado. El estudiante se preguntaba si Lennon podía echarle una mano. Para Lennon, la idea era muy divertida. Incluso entonces, sus antiguos profesores intentaban encontrar sentido a Lennon, y seguían intentando imponer sus propias normas a sus escritos, tratando de hacer que encajara en algo que comprendieran. En su honor, Lennon escribió la canción «I am the walrus» («Soy la morsa»), con la única intención de confundir a cualquiera que se esforzara por encontrar sentido a las palabras.

No era la única persona que estaba molesta porque la comida navideña de la oficina estuviera durando más de lo previsto y que continuara, con gran animación, en la tercera hora de la jornada laboral de ese día. Aquella vez no cerró las cortinas para que no entraran la luz del sol, la vista y la brisa del océano mientras examinaba los mensajes de trabajo en su teléfono durante sus primeras vacaciones en dos años. En aquella ocasión no salió al vestíbulo durante el intermedio de un musical de Broadway que estaba de gira para perder la noción del tiempo mientras repasaba sus mensajes mientras le decían que el segundo acto ya había empezado y que no podía volver a su butaca en la segunda fila del teatro.

Ninguna de estas experiencias hizo pensar a Linda que estaba demasiado involucrada en su trabajo y que debía volver a analizar su actitud con respecto a él.

Pero cuando se escabulló de la habitación del hospital en la que se encontraba su madre para dirigirse al vestíbulo y encontrar un lugar tranquilo para contestar a una llamada de trabajo, Linda empezó a considerar que las cosas habían llegado demasiado lejos.

Linda no culpa a su jefe ni a sus colegas. No fue una mala cultura la que la convirtió en una especie de robot que siempre estaba en la oficina. Era una trampa que se había construido ella misma. «No fui más que yo –decía–. Se trataba de quién era yo, de lo que necesitaba o de lo que creía que precisaba. Creía que la forma en que demostrabas tu valía era estar ahí, lista para la acción –añadió–. Cuando trabajas con las materias primas, tienes que darte cuenta de que todo puede cambiar, y no sólo de un día para otro, sino en un instante. Pensé: ¿cómo puedo permitirme desconectar durante una semana seguida mientras estoy de vacaciones o, es más, incluso durante la hora de la comida?».

Al igual que los profesores de John Lennon, Linda quería importar desesperadamente. Si había una circular, ella quería ser la primera en leerla. Si algo sucedía en algún lugar, quería saberlo. «Para mí, en mis pesadillas, estoy en el lado equivocado de una puerta cerrada –decía Linda–. Quiero estar en el lado en el que pasan las cosas grandes, y no donde se mira y espera».

No es de sorprender que lo que generara no fuera sólo una enorme tensión durante todo el tiempo (en el trabajo, tras el trabajo, de camino al trabajo, durante sus vacaciones), sino también una fuente inagotable de estrés. «Cuando tú misma eres así, cada pequeño mensaje es una nueva emergencia. Recibes el mensaje, te abalanzas sobre él y solucionas el problema», comentaba Linda. Para seguir el rastro a todo lo que entraba y salía, Linda retiraba cada mensaje de su bandeja de correo entrante en cuanto lo leía. No se marchaba de la oficina si seguía habiendo un mensaje, y no se acostaba hasta que la bandeja estaba vacía por la noche.

Irónicamente, incluso cuando Linda no recibía un mensaje, eso le resultaba estresante. «Piensas, ¿por qué no hay ningún mensaje? ¿Ha fallado el sistema? ¿Es el problema tan grande que ni siquiera hay un momento para enviar un mensaje?».

«Es ridículo, pero cuando estás con ello, parece algo razonable».

Vivir cada momento de cada día como si fuera un problema dejó a Linda agotada, pero incapaz de dormir de un modo reparador incluso cuando hundía la cabeza en la almohada. Por supuesto, había entrenado a su cuerpo no para un descanso profundo, sino para estar en una alerta constante.

Con toda su dedicación y celo, Linda no se había permitido tiempo para parar, procesar, pensar, lo que significaba que nunca quedaba tiempo para nada distinto o mejor. No podía aportar a la compañía una nueva idea ni una forma mejor de hacer las cosas porque estaba demasiado ocupada para pensar en algo. Del mismo modo que un vehículo al que le han robado los neumáticos y han dejado unos ladrillos sosteniendo la carrocería, estaba haciendo girar los ejes de las ruedas. Apretaba el acelerador pero no iba a ningún sitio. Por supuesto, si haces eso durante el tiempo suficiente, acabas justo donde empezaste y sin combustible.

No mucho tiempo después de escabullirse de la habitación del hospital donde se encontraba su madre, Linda empezó a cuestionarse de manera seria su enfoque con respecto al trabajo y la vida. Para intentar ser relevante durante cada momento del día había necesitado la creación de un problema las veinticuatro horas del día, y estaba dispuesta a admitir que eso no estaba funcionando. «Llegué a la conclusión de que no puedes perseguir la importancia –decía– porque nunca la conseguirás». En su lugar está tratando de programar bloques de tiempo durante el día para trabajar sin interrupciones secundarias, e incluso pasa varias horas sin comprobar sus mensajes por la noche. «Al principio resultaba confuso, como si me hubieran metido en una sala de privación sensorial, pero ahora puedo ver una película de principio a fin sin mirar mi teléfono… por lo menos si no es muy larga».

Has visto el anuncio en el periódico y parece interesante. Se trata de un experimento sobre la memoria y el aprendizaje, y te pagarán por tu tiempo. El anuncio dice, en concreto, que el experimento está abierto a gente de cualquier clase social (contables, fontaneros o cualquier otro oficio con el que te ganes la vida).

Conciertas una cita y te presentas en una oficina en el campus universitario de la localidad. Dos personas os someteréis al experimento al mismo tiempo. Sacáis un trozo de papel de una caja. En tu papel pone «profesor» y en el de la otra persona «aprendiz».

Te explican la tarea a la que te enfrentas. Como profesor tendrás dos tareas. En primer lugar leerás varias parejas de palabras al aprendiz. Éste intentará memorizarlas. Después le proporcionarás un examen. Una cosa más… Para ayudar al aprendiz a que se concentre y aprenda el material con éxito, tendrás acceso a un aparato que administra descargas eléctricas. Como maestro, darás una breve descarga cada vez que el aprendiz cometa un error. De hecho, con cada error adicional, le administrarás una descarga con un voltaje creciente. Que administrar descargas a alguien le ayude en el proceso de aprendizaje es una premisa que aceptas sin cuestionarla.

Tomas asiento frente a una mesa, con una lista de parejas de palabras y el aparato de descargas eléctricas delante de ti. Se llevan al aprendiz a la estancia contigua, donde se le conectan unos electrodos al cuerpo. Empiezas a leer las parejas de palabras por el intercomunicador.

El aparato de descargas eléctricas tiene unas etiquetas vistosas. En los 15 voltios, la descarga tiene una etiqueta que pone «ligera». «Moderada» son 75 voltios. Con 195 voltios la descarga es «muy fuerte», y pasa a «intensa» a los 225 voltios, a «extrema» a los 315 voltios y a «peligro: grave» a los 375 voltios, antes de llegar al final de la escala, 450 voltios, que lleva una etiqueta en la que sólo pone «XXX».

Cuando el aprendiz comete el primer error, ajustas el mando, con confianza, para administrar una descarga de 15 voltios y sigues con la siguiente pareja de palabras. A cada error te dicen que administres 15 voltios más de corriente. Después del quinto error, cuando ajustas el mando para administrar una descarga de 75 voltios, oyes un gruñido, que es la primera señal de malestar del aprendiz.

Sigues «enseñando», confiado, las parejas de palabras y aumentando el voltaje, pese a que los gruñidos pasan a ser gritos. Al décimo fallo, el aprendiz parece desesperado. Grita de dolor. Pide que le dejen salir.

Tienes los nervios a flor de piel. Empiezas a sudar. Buscas orientación y te dicen: «Por favor, continúe». Y lo haces.

Sigues leyendo las listas. El aprendiz sigue cometiendo errores, y le administras descargas de un voltaje cada vez mayor. Empiezas a temblar. Te muerdes el labio. Clavas las uñas en la mesa.

La siguiente descarga es de 315 voltios. En la etiqueta pone «extremo». El aprendiz comete otro error. Te detienes. Te recuerdan: «Independientemente de si al aprendiz le gusta a no, debe continuar hasta que haya aprendido del todo todas las parejas de palabras, así que por favor, prosiga».

Ríes con nerviosismo, mueves el dial y administras la descarga extrema.

Y luego nada. Ningún grito. Ningún lamento. Ningún chillido. Ningún sonido.

¿Ha acabado? Te dicen que no.

Te preocupa lo que le haya podido suceder al aprendiz. Te vuelven a decir: «Es absolutamente esencial que continuemos».

No obtienes ninguna respuesta en la siguiente pareja de palabras. Te dicen que administres la descarga. Una vez más, no hay respuesta. No hay gritos, ni sollozos. Nada.

Una y otra vez, no hay respuesta. Por último, sólo queda una posición en el dial: 450 voltios, o «XXX», tal y como dice la etiqueta. Te comunican que administres la descarga máxima que aparece en el tablero.

Y lo haces.

Aunque no lo supieras, la adjudicación de papeles estaba amañada, de modo que te tocara la tarea de «profesor». El «aprendiz», por otro lado, era un actor. Las respuestas no hacían más que seguir un guion: desde las parejas de palabras equivocadas hasta los gritos de protesta y dolor. Y la experiencia no tenía nada que ver con la memoria ni con el aprendizaje. La idea consistía en ver qué es lo que harías.

Cuando el psicólogo Stanley Milgram diseñó este experimento, los expertos a los que consultó le dijeron que no había más que una posibilidad de uno entre mil de que una persona siguiera sentada a lo largo de todo el proceso y siguiera administrando descargas como respuesta a los fallos de memoria. De hecho, cuando Milgram llevó a cabo el experimento, el 82,5 % de las personas siguió administrando descargas tras los primeros gritos de dolor, y la mayoría de los participantes permanecieron sentados en la silla y fueron incrementando poco a poco las descargas desde los 15 hasta los 450 voltios.[1]

Este experimento clásico se considera una advertencia sobre la obediencia a la autoridad, pero en realidad, los sujetos estaban siendo obedientes ante un problema. A lo que estaban respondiendo en realidad era a la noción de que el aprendiz no lo lograría si no recibía el castigo. No hay pruebas, en ninguna de las versiones de este experimento, de que los sujetos torturaran a alguien sólo porque les hubieran dicho que lo hicieran. Estaban haciendo daño a personas porque les seducía el problema: si no usabas esta técnica educativa, tu alumno nunca aprendería la lección. Sufriría si no le hacías daño.

Hoy en día mostramos mucha menos confianza en aquellos que ostentan puestos de autoridad. Aun así, cuando un investigador de la Universidad Santa Clara repitió hace poco el experimento de Mil-

---

1. MILGRAM, S. (1963), «Behavioral Study of Obedience», *Journal of Abnormal and Social Psychology*, vol. 67, págs. 371-378.

gram, alcanzó los mismos resultados.[2] Toda la evolución en nuestra cultura, todas las amplias diferencias en nuestra relación con la autoridad, y los resultados no variaron en absoluto. ¿Cómo es posible? Porque, en esencia, el experimento tiene que ver con cómo respondemos ante un problema, y eso no ha variado ni un ápice. Nos encantan los problemas. Nos lanzamos a ellos. El problema de un aprendiz que no es capaz de acertar con sus parejas de palabras nos resulta tan cautivador hoy como hace cincuenta años y, por tanto, seguimos girando la rueda.

Un problema es una fuerza tan estimulante que puede distraernos de nuestras creencias más fundamentales. Ésa fue, exactamente, la conclusión de Milgram: «La gente corriente, que tan sólo lleva a cabo su trabajo, y sin ninguna hostilidad concreta por su parte, puede convertirse en agente de procesos destructivos terribles».

¿Quién busca el poder a través de los problemas? La respuesta breve es que todos. Milgram demostró que no había ningún grupo concreto (ricos o pobres, personas que abandonan los estudios o aquellos con títulos universitarios) que quisiera el poder de ese problema, sino que eran todos los grupos. De hecho, incluso la gente que parece que tiene un poder importante busca la sensación de relevancia de un buen problema que resolver.

Por ejemplo, una empresa elabora dos variedades del mismo producto. El producto A se vende muy bien. Sin embargo, no le encanta a nadie. La gente lo soporta como si se tratara de una obligación. El producto B no comercializa tantas unidades, pero los compradores lo adoran. Disfrutan con él. Organizan su día en torno a este producto y vuelven felices a por más.

---

2. Burger, J. (2009), «Replicating Milgram: Would people still obey today», *American Psychologist*, vol. 64, págs. 1-11.

La empresa puede seguir tres direcciones distintas. Puede seguir elaborando ambos productos, ya que los dos son rentables. Puede concentrarse en el producto B, ya que parece probable que, en cierto momento, el mercado se orientará hacia el producto con el que la gente disfruta realmente. O hay una tercera opción: la empresa puede abandonar el producto B y quedarse con el A.

¿Apostaría alguna empresa su futuro al producto que no gusta a nadie cuando no sólo saben que puede ser mejor sino que, al mismo tiempo, están produciendo una mejor versión de él? Parece que sí. John Pepper, el director ejecutivo de la mayor compañía de productos de consumo del mundo, hizo exactamente eso cuando estudió el mercado del café en 1992.

En ese momento, Procter & Gamble tenía dos divisiones de café. Una se ocupaba de líneas de montaje que envasaban café instantáneo de la marca Folgers en latas para el mercado de los consumidores estadounidenses. La otra tostaba granos de café arábica gourmet para consumidores italianos y cafeterías.

Pepper estudió las dos divisiones y decidió vender su negocio de café italiano. ¿Por qué? Porque para él no tenía sentido. No encajaba en la forma en la que él entendía el mundo. Italia era, tal y como afirmó Pepper de manera despectiva cuando anunció la venta, un mercado del café «muy diferente».

Y tenía razón. Era distinto. Cuando Pepper y su equipo se despertaban cada mañana en Cincinnati (Ohio), no veían a la gente haciendo cola para comprar café por un precio ridículamente superior. No veían a la gente poner por las nubes ni tomar despacio su café saboreándolo. No veían una cultura del café con este producto en el centro de un nuevo tipo de espacio social. Veían a la gente tomando una taza de café flojo mientras salía por la puerta de casa.

Veían a la gente bebiendo otra taza de café flojo en la oficina. Y si la gente salía a comprar una taza de café en Cincinnati, compraba café malo y barato en un delicatessen y luego se iba, como se supone que tenía que hacer. Estas personas nunca dijeron que su café fuera el momento estelar del día. No lo festejaban. No lo veneraban ni lo mitifican. Lo tomaban y seguían con su vida.

En Italia, el café que elaboraba Procter and Gamble era denso, sabroso y sobre todo irreconocible para los estadounidenses. Y curiosamente, una importante parte de sus ventas se hacía a cafeterías a las que los italianos acudían, de forma sibarita, con el único objetivo de tomar un café.

Pepper dirigía una compañía que incluía jabones, productos de limpieza y otros: cosas en las que la gente confía, que necesita para realizar tareas básicas. Así pues, se fijó en sus dos líneas de producción de café y consideró que la división italiana era una aberración que vendía lujo en una empresa que comercializa productos de primera necesidad. Era diferente. No encajaba. Pepper no quería cosas distintas en su compañía, de manera que vendió esta división.

Pero tal y como ha señalado el investigador Barton Weitz en su estudio sobre la decisión, éste es un ejemplo clásico de considerar algo diferente como un problema en lugar de verlo como un activo. Para Pepper se trataba del problema de «esto no parece bien» (un mercado desconocido pide productos extraños), lo que parece no sólo irrelevante, sino también perjudicial para el negocio en general. Del mismo modo que los profesores de John Lennon, Pepper sólo podía ver el lado negativo de algo desconocido para él, y ni siquiera podía empezar a imaginarse su futuro.

Al anunciar la venta, Pepper enfatizó que su división italiana estaba por completo desconectada y que era inútil para su división de café americana. Weitz critica a Pepper por una importante falta de imaginación. «Bueno, por supuesto que son mercados muy distintos cuando vendes café Folgers industrial liofilizado aquí y granos de café exóticos tostados allá —afirmaba Weitz—. Pero, ¿cuánto tiempo pasará hasta que alguien comprenda que si sirves a la gente una buena taza de café harán, literalmente, cola en la puerta para tomarlo? ¿Cuánto tiempo transcurrirá hasta que estos mercados se asemejen más?».

No llevó mucho tiempo. Justo al mismo tiempo en que Pepper estaba descartando la idea de que a la gente le gustara su café, Howard Schultz estaba sentando las bases del emporio del café Starbucks. Schultz tomó su inspiración (de entre todas las cosas) de la industria italiana del café, donde vio bares y cafeterías que servían café *espresso* y que ofrecían no sólo la calidad de esta bebida, sino también la idea romántica relacionada con ella. La gente iniciaba su día allí, y luego volvía a por más. Regresaba día tras día. Y crearon algo único que no podían encontrar en ningún otro lugar: una sensación tanto cautivadora como agradable.

Procter and Gamble había estado elaborando café italiano durante diez años antes de que Howard Schultz pisara Italia. Disponían de la experiencia, los recursos e incluso los granos de café. Tenían todo lo necesario para poner en marcha el futuro del café. En lugar de tomar lo que sabían de Italia y explotarlo en Estados Unidos y todo el mundo, tomaron lo que asumieron sobre Estados Unidos y consideraron todo lo demás una aberración problemática. Observaban Italia y veían a gente peculiar tomando un café peculiar, y se preguntaban por qué iba a querer alguien algo distinto a una lata de café Folgers. Tenían, en su imperio, café que la gente ansiaba y café que la gente soportaba, y apostaron por este último porque Italia no encajaba en el modelo y eso suponía un problema.

Como era de prever, con el tiempo, el mercado se desplazó hacia el café que encantaba a la gente. Mientras antes Folgers ganaba más en un día que Starbucks en un año, ahora los beneficios de Starbucks son diez veces superioress que los de Folgers. Y Procter and Gamble, rindiéndose frente a un mercado que podría haber devorado, acabó vendiendo Folgers y ahora está completamente fuera del negocio del café.

Para Weitz la lección es obvia: «Si defines algo singular como un problema –decía–, aprenderás la diferencia por las malas».

La gente usa los problemas para sentirse relevante cuando toma decisiones importantes, pero cae incluso en esta trampa cuando sale a divertirse. De hecho, las ganas de acceder al poder de los problemas puede convertir una batalla de broma en una guerra social.

«Me atrae la inmersión total –explica Cristina acerca de su afición de toda la vida, que consiste en las recreaciones históricas–. Los caballos hacen ruido mientras pisan el barro. Los hombres y las mujeres hablan sin basarse, probablemente, en el 90 % de las expresiones que usan en su vida cotidiana. Es su olor, su sonido: estás en un tiempo y un lugar distintos, y cada detalle agobiante de tu vida se disipa».

Aunque solemos relacionar a los actores que recrean épocas históricas con escenas de batallas, la especialidad de Cristina es la vida de frontera en el medio oeste estadounidense. Para ella, hay algo fascinante en la sobria y difícil vida de aquellos que finalizaron peligrosos viajes hasta las costas de Norteamérica sólo para adentrarse más en lo desconocido en busca de un nuevo mundo dentro del Nuevo Mundo.

Pese a que a Cristina le encantan la aventura que conllevaba esto y las sensaciones, aunque sólo sea por un momento, ella, que ha viajado de verdad a través del tiempo, lamenta que a nadie le guste más meterse en una pelea que un actor que recrea una época histórica.

«Puedes llevar la ropa correcta: quiero decir hasta el último botón, pero si están demasiado limpios, alguien dirá que no estás siendo fiel a la época –afirmaba Cristina–. Puedes traer balas de paja para toda la localidad, pero alguien dirá que las balas no se ataban de esa forma en la década de 1780».

«Por desgracia, esta afición se presta a la intolerancia y al elitismo –comentaba–. Te encuentras con el impulso normal y absoluto de juzgar a la gente, magnificado por el hecho de que todos se creen con el derecho de valorar cada detalle de tu representación: como si todos se convirtieran en jueces de un concurso de belleza mezclado con una exposición canina».

Lo que resulta incluso peor son los participantes que representan a un personaje de alto rango. «Muéstrame a alguien que represente a un general y ¡cuidado! –se lamenta Cristina–. En realidad acaban pensando que son generales. Caminan y hablan como tales y esperan que todos les sirvan antes, durante y después de la representación. Y que Dios te ayude si intentas aportar una idea o cualquier cosa. Ninguna buena idea procede de los rangos inferiores».

Además del potencial de una condescendencia polémica, tenemos la naturaleza imprecisa de casi todo lo que hacen. «Los autoproclamados expertos proliferan en nuestro escenario –decía Cristina–. ¿Es eso o aquello preciso desde el punto de vista histórico? Bien, no hay ningún libro oficial que consultar, así que nos adentramos en mil opiniones definitivas distintas».

La cultura de las recreaciones históricas incluso tiene su propio insulto para cualquiera que sea considerado insuficiente desde el punto de vista de la recreación histórica. «Llamamos a esas personas *farb*». Decimos: «Mira a ese *farb* que hay allí hablando por su teléfono móvil. Ya sabes, pecados de este tipo. Pero también decimos que alguien es un *farb* si huele muy bien», comentaba.

«Lo siguiente que sabes es que él o ella es un *farb*. Todos son *farbs* o apestan a *farb*». Y luego, en lugar de viajar a través del tiempo, parece como si Cristina se encontrara en una sesión de arbitraje ataviada con unas prendas raras.

Cristina aprecia el deseo de ser riguroso. «Leo tantos relatos de primera mano como me es posible –exponía–. Lo intento. Y deberíamos contar con normas para eliminar los anacronismos absurdos, pero si retrocedes a antes de la década de 1820, no hay fotografías, y no es difícil imaginar que cuando dispones de uno o dos cuadros de un suceso histórico, alguno de esos pintores se tomaba algunas licencias a la hora de convertir lo que veían en lo que pintaban».

Cristina quiere que aquellos que comparten su afición abandonen su impulso de despreciar a la gente y tratarla de forma displicente. «Nadie disfruta de la experiencia y nadie aprende realmente de ella. Debemos ser más fidedignos sin atacarnos los unos a los otros. Podemos ponernos el listón alto sin mostrar elitismo. Si no, ¿qué sentido tiene? –pregunta–. Quiero decir que entonces podríamos dejar a un lado la historia, los caballos, el barro y las tiendas de campaña y, simplemente, ir caminando e insultarnos los unos a los otros, como si estuviéramos en el instituto».

La lección

Llámalo problema y, de repente, tus capacidades educativas son relevantes para este molesto niño llamado John Lennon. Di que es un problema y no aprendas nada del mercado italiano del café, y así Procter and Gamble podrá reafirmar que su café industrial es lo mejor. Llámalas problemas (o, en la jerga de los actores que representan escenas históricas, *farbs*), y tu ropa, tu forma de hablar y tus balas de heno parecerán mejores que las de los demás. Ve detrás de cada problema con el que te encuentres y podrás considerarte esencial durante cada minuto en el trabajo. Considera que es un problema que alguien no pueda memorizar una lista y podrás infligirle castigos y así hacer que sea mejor.

Con independencia del contexto, si estamos ante un problema, importamos. Con un problema somos relevantes. Ante un problema debe prestarse atención. Y así, pues, perseguimos problemas de manera incansable para parecer más importantes. Creemos en lanzarnos hacia los problemas con tanto fervor que el **82,5 % de nosotros infligiría daño físico a alguien para enseñarle una lección**.

Con un problema frente a nosotros es como si nos estuviéramos mirando ante un espejo de una feria de atracciones mientras intentamos maquillarnos. De esa forma nos parece que somos más grandes, pero para todos los demás estamos haciendo un estropicio.

DOS CONSEJOS: PONER EN SU SITIO
LOS PROBLEMAS CON EL PODER

Toma menos. El gran éxito de Al Franken en la comedia llegó acompañado de un dilema. Junto con Tom Davis, su compañero en los espectáculos, le habían propuesto el trabajo de sus sueños en el programa *Saturday night live*. Los productores le dijeron que les encantaba el material y que querían contratar los servicios de los dos como guionistas, pero, como equipo guionista de comedia, ofrecieron a Franken y Davis el salario de un único guionista: si querían el empleo tendrían que trabajar por medio salario. Lo normal en estos casos hubiera sido declinar la oferta. Era insultante ser tratado como media persona. Pero Franken admitió que trabajar en ese programa probablemente cambiaría su carrera. De hecho, hoy afirma que se lo debe todo, *a priori*, en su nada común carrera que lo llevó del mundo de la comedia al senado de Estados Unidos al hecho de que, en una ocasión, estuvo dispuesto a trabajar por medio salario. Como práctica contra la trampa de los problemas, toma hoy menos de algo, incluso aunque sea la mitad pequeña cuando partes una galleta en dos.

Ve a mirar un cuadro abstracto. No nos apañamos bien con la incertidumbre y la ambigüedad. Las combatimos. Escapamos de ellas. Hacen que nos sintamos impotentes. Hacen que tomemos una mala decisión ante un problema sólo para sentirnos más fuertes. Pero las decisiones transformadoras casi siempre son producto del dominio de la incertidumbre y de aceptar la ambigüedad. ¿Cómo mejora la gente a este respecto? Ve a ver algunas obras de arte abstracto. Dirígete a un museo, abre un libro de arte o busca obras por internet. Contempla cuadros de Jackson Pollock o Frank Stella, o cualquier obra de arte que no sea una representación literal de algo. Los investigadores han comprobado que el arte abstracto inspira incomodidad, incertidumbre y una reacción no muy distinta al miedo.[3] Pero si puedes superar ese impulso de darte la vuelta y alejarte de la incomodidad con respecto al arte, no lo pasarás tan mal a la hora de tolerar la incertidumbre en la vida cotidiana sin generar problemas.

---

3.   LANDAU, M. *et al.* (2006), «Windows into nothingness: Terror management, meaninglessness, and negative reactions to Modern art», *Journal of Personality and Social Psychology*, vol. 90, págs. 879-892.

Capítulo 4

No vuelvas a casa por Navidad y otras lecciones sobre intentar todo con más empeño y empeorar las cosas

¿Qué pasaría si te quedaras mirando una cacerola? ¿Acabaría por hacer que hierva su contenido? ¡Claro que lo haría! No obstante, el viejo dicho encierra sabiduría. No importa lo mucho que mires: ninguna inversión de tiempo concentrándote en la cacerola, ninguna sensación de prisa tendrá el más mínimo efecto positivo. Tus esfuerzos no ayudan a nada; pero mirar la cacerola hace que parezca que su contenido tarda más en hervir y evita que hagas algo útil.

Comprendemos ese principio cuando se trata de cacerolas y agua, pero lo olvidamos cuando se refiere a cualquier otra cosa. Piensa en lo que cada entrenador que has tenido te ha dicho: inténtalo con más empeño. En lo que cada profesor te ha comentado: inténtalo con más ganas. En lo que tus progenitores, tu jefe y la señora Elena Francis te han dicho: inténtalo con más ahínco. La sabiduría popular afirma que la diferencia entre ganar y perder es el esfuerzo.

Pero el esfuerzo y los incentivos concentran nuestra atención en el problema que tenemos entre manos. Centrarse en la cacerola no hará que el contenido hierva. Y concentrarse en el problema que estamos padeciendo no lo solucionará. De hecho, un gran esfuerzo y unos incentivos elevados harán que sea más probable que nos frustremos y que existan menos posibilidades de que insistamos.

Centrarse en un problema es un hábito improductivo; pero es un hábito que nos arrastra, porque los problemas son absorbentes. Prestar atención a un problema nos hace sentir como si estuviéramos repeliendo una amenaza significativa y fuéramos importantes. El poder de los problemas sobre nosotros sólo se ve complicado por el hecho de que nuestros remedios favoritos hacen que, de hecho, nuestros problemas empeoren. Tomamos nuestros problemas y los empapamos en abono hasta que son tan grandes que no podemos con ellos.

El primero entre esos remedios mal escogidos es el esfuerzo.

No se trata de que la gente se rinda, no lo intente o no se aplique. La idea es, sencillamente, ésta: convertir el esfuerzo en un 11 sobre una escala de 10 es contraproducente, ya que hace que nuestros problemas parezcan mayores y que nuestras capacidades parezcan menores.

Bud Meyer creía en el esfuerzo con el fervor de un predicador. El trabajo duro, decía, resuelve cualquier problema.

Bud Meyer aplicaba esa filosofía a su trabajo como ingeniero químico y a la educación de sus hijos, incluido su hijo Urban.

Cuando Urban Meyer decepcionó a su padre al ser eliminado en un partido de béisbol en el instituto, Bud le dijo que no era bienvenido en el automóvil, así que Urban Meyer caminó de vuelta a casa, que se encontraba a unos dieciséis kilómetros.

Por suerte, Urban era un jugador estrella para el equipo y no lo eliminaban con demasiada frecuencia, de manera que para finales de su última temporada como estudiante de último año en el instituto, ojeadores de los equipos de las ligas mayores estaban merodeando a su alrededor, pensando que era un jugador que podía competir en esas ligas de primera.

Unos días después de que se graduara en el instituto, el equipo de los Atlanta Braves contrató a Urban y lo envió a las competiciones de novatos, que es el nivel inferior de las ligas menores de béisbol.

En estas competiciones, Urban Meyer avanzó a trompicones. Los Braves lo probaron como torpedero, segunda base, tercera base e incluso como *catcher*, pero con independencia de dónde lo colocaran, no podía rendir a ese nivel competitivo. Urban, un muchacho de diecisiete años que jugaba en las ligas menores de béisbol a casi dos mil kilómetros de su hogar, telefoneaba a Bud cada noche con otro resumen negativo de su partido. Por último, Urban le dijo a Bud que no podía conseguirlo, y que había llegado el momento de abandonar su sueño con el béisbol.

Por supuesto, el fracaso supuso un problema para Bud, y ese problema debía solucionarse con puro esfuerzo, ni más ni menos. Así pues, Bud le dijo a Urban que si abandonaba, no querría verle nunca más. Nunca. Urban sería rechazado en el hogar de los Meyer. Urban podría llamar a su madre una vez al año por Navidad, pero cuando lo hiciera, Urban no contestaría al teléfono.

Urban no abandonó. Las palabras de Bud se repetían en su cabeza entre el sudor, las eliminaciones de los partidos y los largos trayectos en autocar entre los partidos. Jugaba entonces su primera y segunda temporada en las ligas menores de béisbol (ambas en los niveles inferiores), y entonces, los Braves rescindieron su contrato sin contemplaciones. Ya no era un jugador de béisbol, pero no podía decir que no lo hubiera intentado con todas sus ganas.

El 90 % de los jugadores de béisbol de instituto no llegan tan lejos como lo hizo Urban Meyer, pero ningún esfuerzo o remordimiento más lo iba a llevar más lejos. No disponía de las herramientas para avanzar por la escala de las ligas menores de béisbol, y mucho menos para llegar a las ligas mayores.

No obstante, Urban no había dicho su última palabra en el mundo del deporte. Tras un período mediocre jugando a fútbol americano en la universidad, inició una carrera como entrenador que lo llevaría a la cima en la profesión del fútbol americano universitario al ganar dos campeonatos nacionales con la Universidad de Florida.

Tras el primer campeonato nacional, le preguntaron a Bud qué pensaba del éxito de su hijo como entrenador: «No puedo decir que esté sorprendido –contestó–. Ha actuado de la forma que se esperaba».

Lejos de mostrarse crítico con la fervorosa creencia de su padre en su esfuerzo total, Urban fue suficientemente ágil como para agradecer a su progenitor sus enseñanzas para el éxito profesional. Seguía las lecciones de Bud y seguía siendo bienvenido en el hogar de su padre. Nadie trabajaba con más ahínco que él.

Sin embargo, fue el esfuerzo integral de Urban el que casi lo dejó fuera de juego.

En la Universidad de Florida, uno de los rituales más queridos e importantes que Urban inició, fue la llamada Comida de la Victoria. Tras un triunfo, y sólo tras los éxitos, todo el equipo se reunía para una jubilosa comida tras el partido. Rodeando la mesa del ágape había televisiones gigantes que retransmitían la repetición del partido. La comida era una recompensa, una celebración, una oportunidad para fortalecer los vínculos entre los miembros del equipo, así como un medio de mostrar aquello por lo que estaban jugando: un equipo que era mucho mayor que sus miembros tomados de manera individual, pero que trabajaba como un único ser. Nadie osaba perderse la comida: era por lo que jugaban.

A medida que las victorias se iban acumulando, Urban empezó a evitar algunas Comidas de la Victoria para así poder ganar algunas horas más de trabajo para preparar el siguiente partido. Mientras intentaba conseguir un segundo campeonato nacional, dejó de asistir a las comidas.

Algunos años después se dirigió a una Comida de la Victoria de camino a la oficina para ver algunas filmaciones de partidos. Al abrir la puerta se quedó sorprendido por el silencio. La sala estaba casi vacía. La mayoría de las mesas estaban intactas. Sólo unos cuantos jugadores y dos entrenadores adjuntos estaban tomando su comida en silencio.

«¿Donde están todos?», preguntó. Su entrenador físico le dijo, a regañadientes, que cuando dejó de asistir a las Comidas de la Victoria casi todos los jugadores dejaron también de hacerlo.

A Urban le dolía que en nombre del trabajo duro para que su equipo progresara hubiera minado su propio esfuerzo por forjarlo. De repente parecía como si el esfuerzo perfecto no fuera el plan perfecto, y que enfrentarse a cada problema con más esfuerzo conllevara un coste imprevisto. Se preguntó, por primera vez desde que lo dejaron solo y tuvo que caminar de vuelta a casa después de ese partido de béisbol: ¿había quizás algo más que una línea recta entre el esfuerzo y la victoria?

Al cabo de algunas semanas, las preocupaciones filosóficas dieron pie a bastantes más desasosiegos. Urban estaba tendido en la cama luchando por respirar. Sentía dolor en el pecho. Rodó para salir de la cama pero no podía levantarse del suelo. Mientras su mujer telefoneaba a emergencias, Urban Meyer creía que estaba sufriendo un infarto.

Aunque el episodio asustó a la familia, los médicos dijeron que no había sufrido un infarto. El estrés y los hábitos poco saludables que acompañan a unas jornadas de trabajo de veinte horas diarias le habían superado.

Convencido ahora de que ser el entrenador de fútbol americano que trabajaba con más ahínco en Estados Unidos era una amenaza en lugar de un logro, Urban renunció a uno de los contratos más jugosos de este deporte y anunció que se retiraba con 46 años.

Con tiempo para pensar en la forma en que afrontaba su trabajo, Urban llegó a la conclusión de que su esfuerzo sin tregua había perjudicado a su equipo, a sí mismo y, lo más importante de todo, a su familia. Por último, decidió volver al mundo del fútbol americano para dirigir uno de los programas más renombrados de este deporte en la Universidad Estatal de Ohio, pero lo hizo sólo después de firmar un contrato con su familia. Acordó que se marcaría un máximo de horas de trabajo y un mínimo de horas con su familia en su agenda semanal. Decidió que seguiría ciertas normas para conservar su salud y su bienestar mental. Y acordó que el esfuerzo sin fin no iba a hacer que su equipo de fútbol americano cosechara éxitos.

Urban cita ahora un pasaje de un libro sobre gestión que pregunta: «¿Por qué persiste la gente en su comportamiento autodestructivo ignorando el hecho obvio de que lo que han estado haciendo durante muchos años no ha resuelto sus problemas? Creen que tienen que hacerlo con incluso más ahínco o frecuencia, como si estuvieran haciendo lo correcto, y sencillamente tuvieran que intentarlo con más empeño».

Mientras cita el pasaje y vuelve a pensar en su enfoque con respecto al trabajo, el eco de las exhortaciones de Bud a que lo intentara «con más ganas o no serás bien recibido en casa» iba perdiendo fuerza. Urban vio que el esfuerzo fue lo que le costó su empleo en Florida, y que el esfuerzo hizo que su familia estuviera a punto de no querer ir a la Universidad Estatal de Ohio. El esfuerzo tenía el coste de las Comidas de la Victoria y de unos compromisos que no suponían un trabajo duro pero que eran igual de importantes. En última instancia, vio que la idea de que el esfuerzo no puede tener límites impone un límite sobre todo lo demás.

Si buscaras la definición del esfuerzo contraproducente «sería el de mi propio retrato –comenta ahora Urban a la gente–, porque eso es, exactamente, lo que sucedió».

Aunque en su tarjeta profesional dice que es profesora de redacción literaria, Sharon piensa en sí misma como en parte *coach*, en parte profesora, en parte psicóloga y, en parte, trabajadora social. «Soy la persona a la que llamas cuando llega el momento de recoger los trocitos porque harías cualquier cosa menos escribir», afirma Sharon.

Los clientes de Sharon suelen considerar la redacción literaria lo más difícil que tienen que hacer. «Miran a la pantalla o a la página en blanco, y tan sólo les inducen esta sensación de pánico y desesperación –dice–. Y es un catalizador perfecto para la procrastinación. ¿Qué mal hago si me tomo un minuto para buscar las señas de ese amigo de cuarto curso de primaria al que no he visto en treinta años, o si compruebo si el filtro de la lavadora está limpio, o llamo a los de recursos humanos para ver si mi declaración de ingresos e impuestos pagados está al día?».

Cuando sus clientes están en la peor forma posible, suelen considerar cada palabra que tienen que escribir como levantar una piedra muy pesada. «Tras levantar esa piedra, ni siquiera están seguros de que se tratara de la adecuada, o de si se quedará quieta en su posición –comenta–. Y si sólo una de ellas se viene abajo, todo se derrumbará con ella».

Sharon trabaja con muchos tipos distintos de escritores: estudiantes que escriben redacciones para el colegio, escritores técnicos que tienen que dominar el lenguaje de una industria y aspirantes a escritores de obras de ficción y de no ficción. Lo que sus clientes suelen tener en común (tanto si están escribiendo su primera redacción de quinientas palabras como si se ganan la vida escribiendo) es lo que ella denomina atención descompensada.

«Gran parte de la tarea de enseñar a escribir consiste en la imposición de normas –explica–. Decimos: "Ése es el aspecto que tiene la buena escritura". Y, naturalmente, conservas ese ejemplo en tu mente cuando escribes o cuando intentas escribir».

El proceso intimida a los escritores porque las normas son prácticamente imposibles de cumplir. «Entonces, cuanto más te preocupas, cuanto más te esfuerzas, más te frustras –comenta–, porque has invertido tanto en lo que estás haciendo y sigues sin sentir que se parezca a lo que se supone que tiene que ser escribir bien».

Como si fuera Bud Meyer el que nos hubiera enseñado redacción literaria, Sharon afirma que la respuesta típica a este problema consiste en redoblar los esfuerzos: «Ahora has trabajado incluso con más empeño y el problema es incluso peor».

Una vez uno de sus clientes le dijo a Sharon que conocía tantas normas de redacción literaria que ya no podía sentarse y escribir una frase. «Ésa es la esencia. Consideramos que cuanto más duro trabajemos en algo, más natural nos resultará –comenta–. Pero puedes trabajar con más y más empeño en la redacción literaria para acabar sintiendo que te resulta más extraña porque acumulas todas estas normas y reglas y ahora cada palabra parece fuera de lugar».

Sharon escribe un diario que llena de grandes consejos para la redacción literaria. Una página que ha remarcado y subrayado y que ha adornado con estrellas contiene una cita de Kurt Vonnegut, autor de *Matadero Cinco o La cruzada de los inocentes*. Vonnegut advertía: «El buen gusto te hará ir a la quiebra».

Sharon sabe que Vonnegut no dejaba de aconsejar a los aspirantes a escritores que abandonaran la escuela antes de que estuvieran dominados por todo ese buen gusto y se les enseñara, de forma concluyente, que eran incapaces de mostrarlo. El propio Vonnegut consideró que fue un golpe de suerte que estudiara ciencias naturales y antropología en la universidad. Como no había estudiado redacción literaria, nadie tuvo la oportunidad de enseñarle que era incapaz de escribir.

Por supuesto, Sharon no puede borrar todas las lecciones que sus clientes ya han absorbido. Lo que hace, no obstante, es intentar que sus clientes jueguen con la redacción literaria en lugar de trabajar en ella.

«Me siento al lado de mis clientes y les doy un folio y un lápiz y les pido que escriban algo sobre el lápiz, o la habitación, o su mano, o del tiempo que hace. Siempre se trata de algo muy accesible e inmediato –explica Sharon–. Y les digo: "No hay normas. No hay reglas. Y escribáis lo que escribáis, tomaré el folio, lo arrugaré y lo tiraré"».

En realidad sólo hay una cosa que Sharon busca con este ejercicio, y casi siempre lo consigue. «Busco una sonrisa. Busco una grieta en la presa que ha estado evitando que escriban con libertad, que disfruten escribiendo –comenta–. Hay algo en la absurdidad del tema, en algo tonto que han escrito, y eso hace que el proceso resulte más fácil para ellos».

Continúa con una serie de ejercicios que enfatizan que no se trata de con cuántas ganas lo intentes y que no consiste en cuántas normas conozcas. «Escribir, como cualquier otra cosa en la vida, es mejor cuando es algo natural», afirma Sharon. De forma muy parecida al viaje de Urban Meyer hacia una nueva perspectiva sobre buenos hábitos de trabajo, Sharon intenta llevar a sus clientes a un lugar en el que sus esfuerzos sean naturales y humanos, en lugar de obsesivos y mecánicos.

Hay un viejo truco en el mundo del golf si de verdad quieres confundir a otro jugador. Justo antes de que golpee la pelota, pregúntale si inspira o espira cuando inicia su *backswing*. Te contestará que no lo sabe, y entonces, en vez de llevar a cabo su *swing* de forma natural, estará pensando en cómo respirar correctamente. «Ésa es la esencia de la buena redacción literaria –dice Sharon–. Si piensas en los aspectos específicos, entonces no estás escribiendo bien. Si piensas en la escritura, no estás escribiendo. Si puedo conseguir que simplemente lo hagas, por así decirlo, entonces te he hecho un mejor escritor, una persona capaz de crear algo que te encantará».

Cuando llegas a la oficina para participar en el estudio, te encuentras con una mesa sin nada encima, excepto lo que parece ser un tipo de puzle de bloques de madera, un conjunto de diagramas y algunas revistas.

Te anuncian que te van a pedir que encajes las piezas del rompecabezas y que las dispongas de manera que adopten distintas formas. Delante de ti, se encuentran expuestos unos diagramas de esas formas. Tras un breve período de práctica, el investigador te dice que te estará observando desde detrás de un espejo polarizado y que calculará cuánto tiempo necesitas para construir cada forma.

Aunque te lleva un rato, averiguas cómo crear la primera forma. Y luego la segunda, la tercera y la cuarta. Tras acabar con los cuatro diseños distintos, el investigador sale y te dice que ya casi has terminado. Simplemente tiene que recoger un impreso para que lo rellenes y entonces ya habrás concluido la tarea.

El investigador sale por la puerta y avanza por el pasillo. ¿Qué haces ahora? Tienes los bloques. Dispones de varios diagramas que todavía no has usado. Puedes intentar crear más formas. O también puedes esperar sentado, o incluso leer con atención una de las revistas: junto a ti tienes el *Time* (una revista semanal de información general), el *The New Yorker* (una revista semanal que publica críticas, ensayos, reportajes de investigación y ficción) y el *Playboy* (una revista de entretenimiento para adultos).

Aunque no lo sabías, había un segundo investigador detrás del espejo observando lo que hacías en ese momento. De hecho, el verdadero objetivo del experimento era ese instante. ¿Quieres construir más formas con el puzle o dejas esa actividad para informarte sobre sucesos actuales, historietas ingeniosas o ver fotografías de mujeres desnudas?

Según parece, había una gran diferencia entre la gente que tomó las revistas y la que siguió construyendo formas con el puzle. Si el investigador decía que te estaba pagando por construir con éxito los rompecabezas, era el doble de probable que dejaras el puzle de inmediato en cuanto el investigador saliera de la habitación. Si no te ofrecían dinero por tu habilidad para construir los rompecabezas, era más probable que siguieras dedicándote a ellos incluso aunque pensaras que estabas solo y que la tarea asignada había concluido.[1]

---

1. DECI, E. (1972), «Intrinsic motivation, extrinsic reinforcement and inequity», *Journal of Personality and Social Psychology*, vol. 22, págs. 113-120.

En la versión con castigo de este experimento se observó que surgía el mismo patrón de comportamiento. En este caso, a la gente que no lograba construir un rompecabezas en el período de tiempo concertado se la sometía al sonido de una sirena que era atronadoramente ruidosa y molesta. Al trabajar contra este incentivo negativo, se dejaba el puzle y se tomaba una revista en cuanto la tarea se daba por concluida. Si no existía ningún castigo, se dejaba felizmente a un lado las revistas mientras se intentaba construir otras figuras con el rompecabezas.

¿Por qué los incentivos claros y concretos no lograban hacer que te mostraras más comprometido e interesado logrando construir con éxito figuras con los puzles? Edward Deci, el investigador que ideó estos experimentos, concluyó que existe un interés intrínseco, una especie de interés que se siente en las entrañas, que, en última instancia, orienta nuestros focos de atención, y cuando intentamos alterar esa respuesta que sale de nuestras entrañas con alicientes, logramos el efecto contrario al pretendido. En lugar de conseguir que algo resulte más interesante, más vital, más vivo, lo transformamos en una transacción incruenta de la que deseamos librarnos a la primera oportunidad.

Deci repitió el experimento básico de muchas formas distintas, para llegar siempre a la misma conclusión. Como tenía curiosidad por saber si este mismo patrón se repetía fuera del contexto de los puzles y los laboratorios, llevó a cabo una versión del experimento en el periódico de una universidad.

Sin nadie más que el editor que supiera qué estaba sucediendo, se infiltró al investigador de Deci entre el personal como nuevo editor adjunto. Entre otras tareas, el investigador estaba al cargo del equipo de estudiantes que escribía los titulares.

Aquí, Deci se aprovechó del hecho de que el periódico se publicaba dos veces por semana y de que tenía dos equipos distintos de escritores de titulares. Decidió pagar al equipo 1 basándose en su productividad, mientras que el 2 no recibió ninguna bonificación por el trabajo extra.

Al igual que en el experimento del puzle, el personal del periódico universitario se disgustó por los incentivos. En pago a su bonificación por productividad, el equipo 1 fue menos productivo por hora trabajada y perdió más días de trabajo que el equipo 2.[2]

Deci concluyó que existe un agujero enorme en la ecuación Incentivo + Trabajo con más ahínco = Mejor resultado. Es decir, los incentivos no dan lugar a un trabajo con más empeño, y el trabajo con más entusiasmo no produce mejores resultados. Una mente comprometida siempre vence al mejor incentivo y al trabajo con más ahínco. El compromiso es sustentador, decía, mientras que los incentivos y el puro esfuerzo son limitantes.

«Nunca subestimes el poder de una persona intrigada por una tarea, y nunca sobrestimes el valor de una persona con un incentivo por su tarea –comentaba Deci–. Tanto si consiste en liderar un grupo como en motivarte, transfórmalo en un rompecabezas que quieres resolver y podrás hacer más de lo que te planteaste conseguir. Trabaja tan duro como puedas para concebir un sistema de recompensas y castigos y, con independencia de lo rápido que corras, nunca atravesarás la meta».

Para Michele y Erik empezó a baja escala, como sucede con estas cosas. Casi de manera imperceptible, su hijo Brandon, de quince años, empezó a volverse menos de fiar. En lugar de segar el césped, como se supone que tenía que hacer, había que pedírselo dos, tres y hasta cuatro veces. Los deberes de trigonometría que había dicho que había hecho el día anterior por la tarde, de repente, no estaban acabados a la hora del desayuno la mañana siguiente, y ahora estaba

2. Deci, E. L. (1971), «Effects of externally mediated rewards on intrinsic motivation», *Journal of Personality and Social Psychology*, vol. 18, páginas 105-115.

corriendo para entender los cosenos y las tangentes mientras derramaba sus cereales de desayuno sobre sus apuntes.

Tampoco era el fin del mundo, pero Michele y Erik estaban preocupados. Si esta irresponsabilidad se convertía en una forma de vida, ¿qué implicaría eso para el acceso a la universidad?, ¿para superar los estudios universitarios?, ¿para los empleos, la vida y todo lo demás? «No quieres reaccionar sin mesura –exponía Michele–, pero es difícil no preocuparse por el hecho de que si deja de hacer las cosas fáciles, ¿qué sucederá cuando la vida le exija cosas difíciles?».

Así pues, Michele y Erik impusieron una gráfica con categorías, en la que se incluía que llevara a cabo sus quehaceres, hiciera sus deberes, mantuviera el nivel de sus notas y fuera puntual para la cena. Incorporaron algunos pequeños incentivos por cumplir con todas las normas cada semana, como una tarjeta de regalo para descargarse música por Internet.

Aunque su intención era que la gráfica fuera un medio para potenciar el buen comportamiento, de inmediato se convirtió en algo así como una tarjeta de puntuación, una especie de libro de contabilidad en funcionamiento para ver qué iba bien y qué no. Con la gráfica a su disposición, podían comparar fácilmente una semana con la siguiente. Desconocedores de que las investigaciones de Edward Deci sugieren que sus esfuerzos por hacer que las cosas mejoraran probablemente harían que todo fuera a peor, se quedaron estupefactos cuando se fijaron en los datos y vieron que su nuevo sistema de seguimiento e incentivos tuvo justo el efecto contrario al pretendido.

«Podías, sencillamente, contar los vistos buenos cada semana, y no se desplomaron, pero estaban cerca –comentaba Erik–. Nos hubiera parecido un gran éxito si el objetivo hubiera sido hacer que dejara de realizar sus tareas y que llegara siempre tarde».

«¿Qué hay dentro de su cabeza? –se preguntaba Erik–. Es realmente difícil saberlo. Si le preguntamos si va a hacer algo siempre dice que sí. Si le preguntamos si comprende lo que esperamos de él, siempre dice que sí… pero luego nunca lo hace».

Lo que resultó más problemático para Michele y Erik es que Brandon empezó a actuar como si no hubiera normas. «En una ocasión volvió a casa un sábado por la noche cuatro horas más tarde de lo que le habíamos dicho. Eso no puede ser», decía Michele.

Al igual que hicieron los alumnos de Sharon y del mismo modo que enseñaba Bud Meyer, Michele y Erik decidieron que si al principio no triunfas, hay que intentarlo con más ahínco. Se tomaron el fracaso de su plan como una prueba de que tenían que hacer más. Así pues, mejoraron las recompensas y añadieron una categoría de castigo. Ampliaron la lista de conductas deseadas y prolongaron el programa. Si te saltas una norma te quedas en casa sin salir el sábado por la noche, o te quedas sin uno o varios de tus juguetitos electrónicos, o te esperan unas raciones extra de clases particulares para tus exámenes de acceso a la universidad durante el verano. Cumple con las normas durante un período de tiempo suficientemente largo y te regalaremos un iPad o un automóvil de segunda mano cuando tengas la edad legal para conducir.

Muy a su pesar, el nuevo sistema no consiguió la obtención de más resultados deseados que el antiguo. «Intentamos meter a empujones todo lo que pensábamos que era importante (bueno o malo) para él, y fue como si no hubiéramos hecho nada en absoluto», explicaba Erik.

«No parece racional –decía Erik–. De la forma en que yo veo las cosas, si tienes que hacer A, B y C para conseguirlo, entonces haces A, B y C».

Al hablar con amigos que tenían hijos adolescentes, Michele y Erik averiguaron que no estaban solos en lo que se refería a concebir formas de fomentar el buen comportamiento.

«Podía tratarse de chicas, de las notas o de los juegos –afirmaba Michele–, los problemas o las combinaciones de los mismos pueden ser distintos, pero el resultado casi siempre es idéntico. Implantas algún tipo de normas sobre lo que es aceptable, estableces algún tipo de incentivo que conduce a lo que quieres que suceda, y luego ves que todo eso se ignora».

Michele acabó por darse cuenta de la futilidad de sus esfuerzos cuando Brandon y ella vieron, por casualidad, un anuncio en la televisión sobre un utensilio de cocina. «De ese tipo que, de algún modo pelas las cosas con un solo pase y todo sale perfecto –explicaba Michele–. Y él comentó: "Deberíamos comprar uno de esos". Y Yo le contesté: "No es más que un trasto carísimo". Y él replicó: "Deberíamos comprarlo". Pensé para mí misma: "No estamos viendo lo mismo"».

A partir de ahí, Michele empezó a considerar lo que decidió que podía ser el problema fundamental con sus gráficas e incentivos. «Básicamente, estamos fingiendo que Brandon toma una decisión como si fuera un banquero o algo así, pensando en el valor de lo que le ofrecemos –decía–. Pero no puedes vender el hecho de pensar a largo plazo a los adolescentes, que son, prácticamente, la definición de las personas que piensan a corto plazo».

«Llegamos a la conclusión de que ningún tipo de incentivo iba a solucionar este problema», añadió.

Las gráficas desaparecieron, la oferta del iPad expiró y Michele y Erik adoptaron un nuevo enfoque. No intentaron con tanto ahínco llegar adonde querían, y se vieron recompensados por ello.

«Nos sentamos con Brandon y le comentamos que necesitábamos confiar en él –explica Michele–. Así que le dijimos las cosas en las que necesitábamos que no flaquease nunca, y le comentamos que había algunas cosas con las que podíamos ser más permisivos. Y todo empezó a mejorar un poco a partir de ahí».

En la década de 1940, los bomberos paracaidistas de los Servicios Forestales de Estados Unidos eran un equipo de élite de aventureros profesionales listos para luchar contra el fuego: no con agua, sino sólo con su ingenio y las herramientas más rudimentarias. Estaban preparados al instante para subirse a un avión y, es más, a saltar de él de cabeza hacia el peligro.

Su trabajo consistía en llegar allí pronto, cortar el camino al fuego y evitar que los pequeños fuegos se transformaran en grandes incendios. Ése era su plan cuando un rayo provocó un incendio cerca de Mann Gulch (el barranco de Mann), en la profundidad de los bosques del estado de Montana.

Aunque perdieron la capacidad de comunicarse con su centro de control cuando lanzaron la radio del avión y su paracaídas no se abrió, el equipo se lo tomó como un pequeño contratiempo. Pensaron que ese fuego tenía el aspecto de lo que llamaban «un incendio de las diez»: el tipo de fuego que tendrían completamente bajo control a la mañana siguiente. De hecho, lo primero que hicieron al tocar tierra fue abrir sus mochilas y sentarse para comer.

Tras la comida, sus suposiciones se desvanecieron. Creían que habían aterrizado en la parte segura del barranco de Mann, pero acabaron por darse cuenta de que el fuego había superado la quebrada.

Se tuvo que desistir de un plan para combatir el fuego cuando el capataz Wag Dodge ordenó la retirada.

Pero la hierba estaba alta. Los hombres avanzan con lentitud cuando llevan su equipo y se desplazan entre una hierba que alcanza una altura de entre sesenta y noventa centímetros y se tiene que subir hacia una colina. El fuego avanza con más rapidez.

Dodge se dio cuenta de que no ganarían esa carrera si llevaban su equipo a cuestas, así que ordenó a todos que se desprendieran de sus utensilios. Pero sus hombres se negaban a hacerlo. Iba en contra de sus principios. Las herramientas eran parte de ellos: eran bomberos paracaidistas. Sin sus útiles no eran más que otro grupo de excursionistas inútiles en un lugar en el que no encajaban.

Como si fueran chicos que no hubieran sido bien recibidos por Navidad si no lo intentaban, estos hombres no hicieron más que trabajar con más empeño, corriendo contra el fuego y buscando un lugar desde el cual pudieran luchar contra él. El incendio era un problema, y tienes que enfrentarte a él con todas tus fuerzas. Ésa era la única forma de combatir un incendio, como todos ellos sabían muy bien. No había lugar para la debilidad.

Desesperado por evitar que sus tercos hombres corrieran una carrera que no podían ganar, Dodge emitió una nueva orden. Provocarían su propio incendio. Quemarían una pequeña zona (generando así un espacio en el que el fuego no encontrara combustible) y luego se agacharían en esa área esperando que el verdadero incendio pasara de largo. Se trataba, como mínimo, de una oportunidad de decidir cuándo les alcanzaría el fuego, en lugar de ser superados, con casi total certeza, por el incendio cuando éste lo decidiera.

Los bomberos paracaidistas provocan incendios día sí y día también. Una de sus tácticas para combatir el fuego era la de provocar un incendio para controlar la dirección del fuego incontrolado. Pero en este caso no había tiempo para hacer nada de eso: todo lo que el plan de Dodge iba a conseguir era despejar una pequeña escotilla de emergencia entre las llamas.

Sus hombres pusieron objeciones. Provocar un fuego era una táctica para detener un incendio y nada más, o así lo creían ellos. Por tanto, con el incentivo más grave imaginable, los hombres estaban profundamente obsesionados con intentarlo con más empeño. En lugar de considerar la orden de Dodge como un acto de genio creativo, creyeron que era débil o que estaba loco. Sea como fuere, ya no podía pensar con claridad y, por tanto, ya no se le debía obedecer.

Mientras Dodge llevaba a cabo su plan, provocando su incendio y despejando un lugar en el que acurrucarse, sus hombres se aferraron a sus herramientas y siguieron corriendo.

El plan de Dodge funcionó. Después de que el fuego lo ignorara, se quedó en un terreno en el que no quedaba nada que se pudiera quemar. Ahora estaba a salvo pero, ¿dónde estaban sus hombres? Inició la búsqueda. De su equipo de quince hombres sólo dos habían sobrevivido.

Hay pocos ejemplos conmovedores del verdadero valor del esfuerzo. El puro esfuerzo, por sí mismo, puede ser inútil. Dodge se acurrucó entre el hollín, las cenizas y la tierra. Se ocultó de un enemigo invencible, y vivió para luchar contra él otro día. Sus colegas consideraron que el fuego era un problema que debía combatirse con el máximo esfuerzo, así que emplearon cada gramo de energía del que disponían corriendo tanto como podían y llevando a cuestas herramientas pesadas hasta el final. Trabajaron lo más duro que pudieron hasta que se destruyeron ellos mismos con su esfuerzo.

Los bomberos paracaidistas murieron transportando sus utensilios mientras subían una colina, cuando sus herramientas eran del todo inútiles para ellos. Murieron porque no querían fracasar combatiendo un incendio, pero la supervivencia era la única forma en la que podrían haber triunfado. Se aferraron a su forma de entender el problema en lugar de probar con una solución que encajara con la situación en la que se encontraban, y su decisión acabó con su vida. Si ese nivel de incentivos y esfuerzo no inspira un análisis claro de las cosas, entonces ningún tipo de incentivos ni esfuerzo lo hará nunca.

La lección

Es tan obvio que nunca nos detendríamos ni siquiera a cuestionarlo. ¿Qué deberíamos hacer si nos enfrentamos a un problema?: intentarlo con más empeño. ¿Qué tendríamos que hacer si necesitamos acabar en primer lugar?: implicarnos con más dedicación, generar incentivos y dedicar toda nuestra atención al tema. Y cuando lo hacemos, tiene un efecto claro: hace que nuestros problemas empeoren.

Con las vidas de los bomberos paracaidistas y la carrera de Urban Meyer en juego, el esfuerzo total y sin cuartel resultó una amenaza y un obstáculo. El esfuerzo enreda a los alumnos de creatividad literaria de Sharon e hizo que Michele y Erik se preguntaran cómo habían trabajado tan duro para acabar ideando un sistema que no logró más que hacer que su hijo adolescente resultara menos de fiar. Lo que todos ellos tenían en común era su creencia en la realmente seductora idea de que el esfuerzo denodado es la búsqueda más pura del éxito. Pero tal y como mostraron los experimentos de Edward Deci, los esfuerzos forzados no hacen sino fracasar, una y otra vez, frente a la curiosidad natural. **Hay el doble de probabilidades de que persistamos en un reto si no hay incentivos**.

Maximizar el esfuerzo es el consuelo del tonto. Nos agotamos, tomamos decisiones ilógicas, no nos implicamos en la tarea. Es una respuesta consoladora, pero también equivocada.

Todos hemos experimentado esto en primera persona. Hay una pequeña mancha en tu camisa, tan pequeña que apenas puedes verla. Es irritante. Probablemente lo mejor sea dejarla… pero… si pudieras librarte de ella sería mejor. Intentas eliminarla con la uña y no funciona. La tratas de quitar con una servilleta y un poco de agua. Ahora la mancha es mayor. Ha ganado terreno y no hay forma de eliminarla, y en lugar de algo diminuto y discreto has creado esta enorme mancha oscura en tu camisa que la gente puede ver desde el otro extremo de la sala. Le has dedicado todo tu esfuerzo y has hecho que empeore.

Hay una razón por la cual nos enfrascamos en estas manchas y hacemos que el problema empeore. Tenemos que intentarlo con más empeño. Es lo que nos han enseñado. Es en lo que creemos, pero no funciona.

DOS CONSEJOS: CÓMO PONER LOS RESULTADOS POR ENCIMA DEL ESFUERZO

Sáltate las prácticas. Cuando algo es importante, queremos prepararlo de un modo más exhaustivo; pero volver una y otra vez sobre un asunto con antelación tiende a encerrarnos en una forma de ver y hacer, al tiempo que dejamos de lado la espontaneidad y las posibilidades. Ésa es la razón por la cual a Bruce Springsteen le gusta grabar sus canciones antes de que su grupo conozca completamente su música. «Si la gente conoce la parte que tiene que llevar a cabo demasiado bien –afirma– la interpreta de un modo consciente en lugar de tocarla de manera acelerada». Cuando escucha cómo su banda cobra vida en el estudio, incluso aunque la música se pueda pulir un poco, alza las manos y dice: «Eso está bien. Si mejora un poco será peor».

Reduce la velocidad. La gente cree que la única forma de hacer ejercicio de forma adecuada es ir con todo lo que tiene. De hecho, los investigadores han observado que sobrestimamos en gran medida la cantidad de calorías que quemamos cuando corremos rápido y que subestimamos las que consumimos cuando corremos con más tranquilidad.[3] Por desgracia mucha gente deja de hacer ejercicio porque no puede correr rápido y no son conscientes de que tendrían más beneficios si corrieran despacio. Aplica la misma lógica a cualquier cosa que estés haciendo. Sobrevaloramos la velocidad en casi todo lo que hacemos, ya que la asociamos con el esfuerzo; pero darnos prisa nos agota y nos evita posibilidades. Reduce la velocidad en algo que hagas hoy y observa cuánto más puedes obtener de ello.

---

3. Slotterback, C.; Leeman H.; Oakes, M. (2006), «No pain, no gain: Perceptions of calorie expenditures of exercise and daily activities», *Current Psychology*, vol. 25, págs. 28-41.

Capítulo 5

¿Te subirías al autobús que se dirige a Abilene?

¿Qué sucedería si todos decidiéramos subirnos al autobús que se dirige a Abilene?

Ésa fue la extraña pregunta que enfrentó a una generación de oficiales del ejército de Estados Unidos tras visionar un vídeo de formación de mandos. En él, se ve a una familia sentada en su porche en un caluroso día estival. Uno tras otro, los miembros de la familia dicen: «Estoy aburrido» y «Yo también estoy aburrido». En un intento por evitar la modorra, la familia se dirige a la estación de autobuses. Acaban encontrando asientos en un autobús que se dirige a Abilene. Y luego, la persona de al lado dice: «¿Sabes? En realidad no quería ir a Abilene». Y la siguiente persona afirma: «Yo no quería ir, pero pensaba que tú sí que querías ir», y así sucesivamente todo el grupo. Acaba quedando bastante claro que *ningún* miembro de la familia quería ir a Abilene.

Para los oficiales que lo visionaron, algunos de ellos forzados a verlo varias veces, la historia sirvió a modo de advertencia sucinta y fácil de recordar sobre la toma de decisiones por parte de un grupo. Un conjunto de personas razonables puede tomar una decisión sin sentido e irracional. Un grupo puede apoyar de manera unánime una decisión que ningún miembro individual habría respaldado por su cuenta. Un grupo no es sólo la suma de todas las capacidades de sus miembros, sino que a veces representa una división que da lugar a algo menos de lo que un único miembro puede conseguir.

La historia del vídeo formativo perduró en la memoria de esos oficiales y volvía a su mente en cualquier momento en el que veían a un grupo que se encaminaba a una mala decisión. De hecho, simplemente tenían que decir las palabras: «Creo que estamos yendo en el autobús que se dirige a Abilene» para hacer que sus colegas se lo tomaran con calma.

Hay una razón por la cual las relucientes mesas de conferencias en las que se toman decisiones muy importantes están rodeadas de muchas sillas. La razón es que creemos que cuanto mayor, mejor. Nos han enseñado que mayor es mejor. Nadie nos ha dicho nunca que la forma de resolver algo es implicar a *menos* gente en el caso.

Pero un grupo sufre las mismas limitaciones a las que nos enfrentamos como individuos. Si una persona suele centrarse en un problema y no en la solución, un grupo muestra exactamente ese mismo rasgo. De hecho, la dinámica del grupo puede ser mucho peor, ya que consolida un foco de atención colectivo en un aspecto concreto del problema y hace que éste sea todavía más perturbador.

Frederick Brooks advirtió, de forma memorable, a la industria de la informática: «Añadir mano de obra a un proyecto de software que va con retraso hace que se retrase todavía más». Esa realidad es aplicable a cualquier aspecto del trabajo o de la vida. No hallarás una solución metiendo a más gente en el problema. Con más gente, hay más problemas.

Cuando iba al instituto, Katherine Bomkamp pasó muchas horas en lugares como la sala de espera del Centro Médico Militar Walter Reed. Mientras su padre, un soldado veterano discapacitado, estaba recibiendo tratamiento, Katherine charlaba con los militares con heridas que estaban esperando para las citas con sus médicos.

Les preguntó cómo se encontraban. No esperaba que le dijeran: «Bien»; quería saberlo de verdad. Les preguntó por sus heridas, su recuperación, aquello por lo que estaban pasando, aquello con lo que necesitaban ayuda. Aunque casi todos evitaban que les preguntara sobre su dolor, Katherine era directa.

Tenías que ser fuerte para hacer esas preguntas y aceptar las respuestas sin encogerte de dolor. Los soldados que conoció acababan de regresar de las guerras de Iraq y Afganistán, y las heridas que habían sufrido con frecuencia eran devastadoras. Era comprensiva y solícita, y tal vez hizo más bien del que pudiera imaginar permitiendo, simplemente, que los soldados le explicaran su verdad sobre su lucha.

Era descorazonador y conmovedor al mismo tiempo. Pero tras escuchar la misma preocupación de boca de varios soldados, Katherine quería hacer algo más que ofrecer unos oídos empáticos. Se preguntaba qué podría hacer que de verdad supusiera una diferencia para los soldados que habían perdido extremidades en la guerra. Estos soldados seguían explicándole las mismas cosas: uno de los problemas más dolorosos, amedrentadores y desorientadores que experimentaban era el dolor del miembro fantasma. «Cuando me contaron sus historias, eso no dejaba de aparecer en la conversación», comentaba Katherine.

Nuestro cerebro está conectado a nuestras extremidades. Incluso cuando perdemos una extremidad, el cerebro sigue haciendo su trabajo, enviando señales diciendo lo que tiene que hacer la extremidad que ya no existe. Entre las numerosas señales fallidas, el cerebro genera un dolor muy real intentando conectar con una extremidad que ya no existe.

Los soldados explicaban que la respuesta de sus médicos ante el dolor del miembro fantasma era recetarles fármacos: potentes antipsicóticos y barbitúricos. Tras valorar lo que los soldados le habían contado y todo lo que leyó sobre el tema más adelante, para Katherine fue obvio que incluso aunque los medicamentos ayudaran con el dolor del miembro fantasma, estaban provocando sus propios y terribles efectos secundarios. Los antipsicóticos dejaban a muchos soldados impotentes, aletargados y enfrentados a un conjunto de problemas nuevos, mientras que el principal efecto de los barbitúricos en los soldados era que se convirtieran en adictos a estos fármacos.

«Estos soldados perdieron parte de su cuerpo por nosotros –decía Katherine–. Y en lugar de ayudarlos, les estaban dando pastillas que no hacían más que generarles nuevos problemas».

La lógica básica no tenía sentido para Katherine. Un soldado que había perdido una pierna no necesitaba una píldora que modificara la forma en la que su cerebro se relacionaba con todo su cuerpo: precisaba un tratamiento que se centrara en su lesión real.

Katherine se preguntaba cómo una importante y terrible aflicción podía abordarse con una respuesta tan mala. Pensaba que tenía que haber una solución mejor: una que no aportara más daño que ayuda. ¿Por qué no habían hallado algo mejor los médicos del hospital Walter Reed y los de los demás hospitales militares? ¿Dónde estaban los investigadores universitarios? ¿Dónde se encontraban las compañías de dispositivos médicos? ¿Dónde estaban los conocimientos de unas fuerzas armadas con más de dos millones de soldados? ¿Por qué no habían pensado en algo mejor cuando los soldados a los que tanto debemos necesitaban que la ciencia estuviera dispuesta a ayudarles? Por supuesto, todas estas instituciones sabían mucho sobre el problema del dolor del miembro fantasma, pero, dentro del problema, no hallaron una solución al mismo.

Katherine no podía comprender por qué todas estas gigantescas organizaciones fracasaban cuando se trataba de esto, pero decidió que tendría que ocuparse del dolor del miembro fantasma por su cuenta. Era una estudiante de instituto sin unos conocimientos ni un interés especial por las ciencias, la medicina o la ortopedia; pero le preocupaban esos soldados heridos que había conocido, y creía que existía una mejor solución. Así pues, cuando sus compañeros de clase trataban de construir volcanes en miniatura y estudiaban hámsters encerrados en laberintos, el proyecto de Katherine para la feria de ciencias del instituto fue el tratamiento del dolor del miembro fantasma.

El enfoque de Katherine se centraba en una idea clave: la distracción. «Si de algún modo pudiera interrumpir la comunicación del cuerpo con la extremidad perdida, distraerle del esfuerzo por controlar la extremidad, entonces quizás podría hacer que el dolor desapareciese», pensaba.

Con la distracción como objetivo, Katherine se decidió por el poder del calor para atraer la atención del cerebro. Se preguntaba si una prótesis calefactada podría hacer que el cerebro se centrara en responder al calor en lugar de enviar señales a la extremidad ausente.

Construyó, como buenamente pudo, una prótesis con piezas compradas y la probó durante un período de tiempo breve en algunos soldados a los que había conocido en el hospital militar. Estaban emocionados por el hecho de que estuviera intentando ayudarles. Ella se mostró muy satisfecha cuando los comentarios fueron positivos.

Comprometida a llevar su idea lo más lejos posible, pidió a profesores de una universidad local que le ayudaran a crear su propio cursillo intensivo en ingeniería eléctrica. Y con eso comenzó y progresó a buen ritmo intentando construir un prototipo acabado de su prótesis calefactada.

Con conocimientos prácticos sobre cómo fabricar un elemento calefactor seguro y duradero, necesitaba una prótesis real con la que trabajar para ver si podía aplicar e introducir con éxito sus conocimientos en el diseño de una prótesis ya existente. Encontró un directorio de compañías que fabricaban prótesis y las fue telefoneando a todas. ¿Le podían proporcionar una pierna que pudiera usar para hacer sus pruebas? ¿Estaban interesadas en trabajar con ella? Antes de poder describir el trabajo que había llevado a cabo, los cursos a los que había asistido, su teoría, sus resultados iniciales, etcétera, se encontró con el rechazo inmediato. Escuchaban a una muchacha que no pertenecía a la industria y que ni siquiera tenía un título universitario, y ya no necesitaron escuchar nada más. «Mucha gente me colgó el teléfono», comentaba Katherine. Le dijeron: «Esto no va a funcionar, sólo eres una chiquilla, no me hagas perder el tiempo».

Cuando acabó encontrando a una empresa dispuesta a escucharla, ya estaba en camino. Había acabado sus estudios en el instituto y estaba en la universidad. Katherine ha seguido trabajando en su dispositivo. Las pruebas siguen su camino y dispone de una patente en trámite. Su versión actual incluso permite que el usuario controle la temperatura de la prótesis con un teléfono móvil inteligente.

Su trabajo le ha reportado recompensas personales. Fundó una empresa para construir el aparato. Fue la persona más joven a la que se invitó a hablar en la cumbre de la Real Sociedad de Innovaciones Médicas en Londres. Y sí, ganó el premio de la feria de ciencias del instituto. Y está agradecida por todo ello, pero lo más importante es que está fabricando un producto para ayudar a aquellos soldados que conoció en el hospital militar Walter Reed.

Le dolió que tantas compañías fabricantes de prótesis la rechazaran, pero se toma como una gran lección vital no haberlas escuchado. «Cuando una gran compañía te dice que no, eso no significa que estés equivocado –afirma ahora Katherine a sus compañeros estudiantes en un programa para emprendedores–. Puede que signifique que tienes tanta razón que ellos ni siquiera pueden verlo».

Cuando Robert Reich se convirtió en ministro de Empleo de Estados Unidos, se hizo cargo de un departamento con diecisiete mil trabajadores, un presupuesto de diez mil millones de dólares y responsabilidades por asegurar la seguridad en los puestos de trabajo, proporcionando formación laboral a la gente sin la capacitación suficiente y haciendo cumplir normas relacionadas con los salarios y las prestaciones y todo tipo de leyes laborales. Por si dominar la importancia del puesto no resultara suficientemente amedrentador, tenía que luchar contra el clima político, que incluía no poca escasez de desafíos internos y externos para la misión del departamento.

Era, en pocas palabras, una tarea difícil. Y no resultó más sencilla, porque el trabajo anterior de Reich había sido el de profesor universitario, donde pasaba su tiempo enseñando y se escondía en su oficina redactando estudios sobre la economía japonesa. Llegó entonces a la oficina, con muchas teorías sobre el mercado laboral y sin un ápice de experiencia en la dirección del Ministerio de Empleo o, es más, en nada por el estilo.

Para compensar la magnitud de la tarea a la que se enfrentaba, se facilita a los ministros del gobierno un generoso conjunto de asesores cuyo trabajo consiste en ayudar al ministro para que lleve a cabo su tarea. Los primeros meses fueron como un torbellino para Reich. Estaba familiarizándose con su ministerio, contactando con las principales circunscripciones para las que trabajaba el ministerio, hablando en eventos por todo el país y librando una batalla aparentemente interminable para conseguir el apoyo de su presidente con el fin de obtener partidas presupuestarias que consideraba esenciales.

En medio de todo ello, se sorprendió por el hecho de que nadie le había preguntado nunca, ni siquiera una vez, cómo quería pasar el día, dónde deseaba ir, con quién quería hablar. ¿Cómo, exactamente, se preguntaba, todas esas conferencias concertadas y otros compromisos que ocupaban su día, se abrían camino hasta su agenda cotidiana?

Reich presionó el botón del intercomunicador y convocó a sus ayudantes: «¿Cómo sabéis qué incluir en mi agenda?», les preguntó.

Se quedaron de piedra. Asumían que ya lo sabía, pero, de todos modos, se lo explicaron con paciencia. «Hacemos que haga y vea lo que escogería si dispusiera de tiempo para estudiar todas las opciones por su cuenta, seleccionando entre todas las llamadas telefónicas, las cartas, las circulares y las invitaciones a reuniones», le explicó un asistente.

Su equipo asumió que Reich vería la lógica subyacente. Un ministro no puede dedicar todo su tiempo a decidir cómo invertir su tiempo. Eso era absurdo.

Pero Reich seguía desconcertado. ¿Cómo podían saber ellos que es lo que él decidiría hacer?

Le respondieron con la respuesta perfecta de alguien con mucha experiencia en Washington: «No se preocupe: lo sabemos».

Reich confiaba en su equipo. Creía que todos compartían sus valores de base y que todos encajaban muy bien trabajando en el Ministerio de Empleo, pero se quedó estupefacto por el hecho de que su equipo hubiera construido una burbuja a su alrededor. «Me transmiten, a través de la burbuja, sólo aquéllas cartas, llamadas telefónicas, circulares, gente, reuniones y eventos que creen que alguien como yo debería recibir –relataba más adelante–. Pero si veo y oigo sólo lo que "alguien como yo" debería ver y oír, ningún pensamiento original ni fuera de lo corriente atravesará la burbuja. Nunca me sorprenderé ni me quedaré estupefacto. Nunca me veré forzado a repensar o reevaluar nada. Estaré felizmente ignorante de lo que en realidad necesito ver y oír, que son cosas que no confirman tan sólo mis ideas preconcebidas sobre el mundo».

Su equipo no se quedó en absoluto impresionado por sus preocupaciones. Los cinco guardianes de su burbuja le dijeron que la burbuja le protegía de la gente que le haría perder el tiempo le acosaría y no le traería ningún bien.

El problema que su equipo estaba abordando tenía perfecto sentido para ellos. Eran los guardianes de su tiempo, y pretendían asegurarse de que su limitado tiempo se centrara en las tareas adecuadas. Pero Reich vio con claridad las consecuencias de su plan. Si siempre empleaba el tiempo haciendo cosas que le resultaban agradables, nunca conseguiría mucho de nada porque nunca se ensuciaría las manos. Esa actitud, ese compromiso para hacer que sólo se encontrara con cosas buenas resultaría admirable si estuvieran criando a un niño de dos años, les dijo Reich, pero estaba trabajando para el Ministerio de Empleo.

Mientras Katherine Bomkamp tuvo que eludir a un grupo que sólo le aportaba un rechazo reflexivo a sus ideas, Robert Reich se enfrentó al problema contrario. Su grupo sólo le ofrecía elogios reflexivos. Sea como fuere, se trataba de un circuito cerrado que interrumpía la información y cerraba el camino a unas potenciales respuestas nuevas.

Reich comprendió que no podría aportar ningún liderazgo real en una sala insonorizada, así que implantó una nueva norma.

Le dijo a su equipo que en lugar de leer sólo el correo que lo elogiaba, a partir de entonces quería ver también «las cartas negativas en las que le daban una patada en el trasero». También quería tener acceso directo a las quejas de los trabajadores del Ministerio de Empleo. Quería ser informado de las malas noticias en tiempo real y deseaba celebrar una serie de reuniones abiertas a todo el público en las que la gente a la que atendía el ministerio pudiera preguntarle lo que deseara. Y quería ver a líderes y organizaciones del mundo de los negocios en su agenda cada semana. Lo más seguro es que le dijeran a Reich que estaba equivocado, pero quería oírlo y quería ver si podía hacer cambiar a algunas mentes.

Subes las escaleras y ves a un grupo de ocho personas paseando por el vestíbulo mientras esperan. Te quedas de pie entre ellos durante un minuto.

El investigador aparece, abre la puerta y pide a todo el mundo que tome asiento. Hay, exactamente, suficientes asientos para la gente que hay en la sala. En un momento, el único asiento que queda libre para ti es el segundo desde la parte posterior.

El investigador explica la tarea. Se trata de un estudio de percepción visual, comenta. Todos en el grupo observarán las mismas cosas y responderán en voz alta a todas las preguntas.

Habrá dos carteles en la parte delantera de la sala. En el de la izquierda habrá una sola línea, y el de la derecha tres líneas numeradas con el 1, el 2 y el 3. Si la línea de muestra medía 20 centímetros, las líneas que había que comparar podían medir 15, 20 y 16 centímetros. Se preguntará a cada persona, una por una, cuál de las tres líneas de la derecha tiene la misma longitud que la de la izquierda.

El investigador dirige a tu grupo a través de un ejemplo. Todo parece que es muy fácil.

Tras el ejemplo, el investigador muestra un nuevo conjunto de carteles. Cada persona da una respuesta, el investigador las anota y se repite el proceso hasta que todos han contestado. Cada vez, la persona que ocupa el primer asiento responde el primero, el segundo es el segundo en contestar, etcétera, hasta que tú, que estás sentado en la séptima silla, respondes el séptimo. Es todo muy sencillo.

Pero tras tres rondas haciendo esto, parece que algo no va del todo bien. Parece que es la línea 2 la que coincide con la de la izquierda, pero la persona de la primera silla dice: «Línea uno». Lo dice de un modo nítido y firme. Obviamente, está equivocado, pero parece que nadie se da cuenta. Nadie se le queda mirando. El investigador ni siquiera reacciona.

Y luego, la persona de la segunda silla dice: «Línea uno». Una vez más, nadie se inmuta.

Sin dudarlo, la tercera persona dice: «Línea uno». Y la cuarta, la quina y la sexta.

Y ahora es tu turno. Es la línea 2 la que tiene la misma longitud, ¿no es así? Pero ¿por qué han dicho todos los demás «Línea 1»? ¿Se trata de algún tipo de ilusión óptica? ¿Estás mirando desde algún ángulo extraño? ¿Puede que sean ellos los que están mirando desde un ángulo raro? ¿Son tus ojos? ¿Ven los demás con más claridad que tú? Todos han dicho: «Línea uno». No todos ellos estarán equivocados, ¿no es verdad?

Te detienes. Pones una de esas sonrisas que quieren decir «no sé lo que hacer». Te sujetas la cabeza con la mano durante un instante. Miras a tu alrededor. Frunces el ceño. ¿Hay alguna respuesta que estés pasando por alto? ¿Dices lo que crees o dices lo que piensan todos los demás? ¿Se enfadarán contigo si das una respuesta distinta? ¿Va a pensar el investigador que eres el único incapaz de hacer esto bien? ¿Vas a arruinar el estudio?

Y entonces, al igual que harían tres de cada cuatro personas que se enfrentaran a esta misma situación, afirmas: «Línea uno». Has escogido, intencionadamente, la respuesta errónea. La has elegido porque todos los demás lo han hecho. Has rechazado lo que has visto en favor de lo que todos los demás han dicho que han visto.

Y eso es justo lo que Solomon Asch quería saber cuando creó el estudio.[1] ¿Afirmarías lo que es «un hecho sencillo y claro» o te mostrarías conforme con el resto del grupo y, de hecho, decidirás equivocarte?

Lo que no sabías es que todos en el grupo tenían que dar la misma respuesta equivocada. No se trataba de una cuestión de percepción, de ángulos o de agudeza visual. Estaban dando la respuesta equivocada de un modo intencionado para ver qué es lo que harías tú.

Asch diseñó su estudio en torno a un hecho sencillo y definitivo para subrayar el alcance del poder de la conformidad con el grupo. No sólo vacilaríamos ante las opiniones cuestionables o las afirmaciones erróneas y discutibles de un grupo: estamos obstaculizados por un grupo unido en lo tocante a un hecho básico que podemos demostrar que es erróneo.

El hecho de que tres de cada cuatro sujetos del estudio de Asch cediera por lo menos una vez a la respuesta incorrecta del grupo es revelador. Lo que era igual de sorprendente son los comentarios realizados por los sujetos del estudio de Asch cuando se les preguntó qué les estaba pasando por la cabeza cuando dieron las respuestas erróneas.

Muchos expresaron pura deferencia por el grupo. «Debían estar, objetivamente, en lo cierto si ocho de nueve disentían conmigo», le dijo uno de ellos a Asch.

---

1. ASCH, S. (1956), «Studies of independence and conformity», *Psychological Monographs*, vol. 70, págs. 1-70.

Otros pensaban que el grupo estaba equivocado, pero carecían de la confianza en sí mismos para mantenerse firmes. «Estaba seguro de que estaban equivocados, pero yo no estaba seguro de que estaba en lo cierto», comentó un sujeto. Otro dijo: «O estos tipos estaban locos o lo estaba yo. No pude dilucidarlo».

Una de las respuestas más sorprendentes sugería que el sujeto pensaba que el resto del grupo estaba siendo engañado. Estaba decepcionado consigo mismo por el hecho de que no lo hubieran engañado también. «Quizás se trataba de una ilusión óptica que los demás habían captado y yo no –comentaba–. En ese momento me pareció como un defecto no experimentar la ilusión óptica que ellos sí vieron».

En última instancia, estos sujetos querían encajar, incluso aunque el grupo fuera inherentemente temporal, el escenario por completo antinatural y los demás estuvieran de manera clara equivocados. Querían encajar tan desesperadamente que se obligaron a intentar ver lo que veían los demás. Un sujeto habló de la lucha que sintió entre el hecho de querer ser honesto, desear parecer listo y encajar. «Me gusta formar parte del grupo, por así decirlo –comentó–, así que estaba intentando ver sus líneas como correctas, pero sólo tuve un ligero éxito, porque *mi línea* siempre estaba ahí».

En último término, no importaba realmente si los sujetos consideraban que el grupo estaba en lo cierto o estaba equivocado, porque el grupo era más poderoso que la realidad. Tal y como lo expuso una persona: «Si ellos están equivocados, entonces yo también lo estaré».

Lo que Asch demostró es que añadir gente al proceso hizo que lo obvio resultara inaccesible. Hizo que lo sencillo resultara doloroso. Si hubiera estado solo, cada uno de ellos habría identificado la línea coincidente y habría hallado la respuesta correcta. En un grupo, la respuesta correcta era a veces imprecisa, pero casi siempre, irrelevante. Lo que los grupos hacen mejor (como hicieron los líderes de compañías de ortopedia por Katherine Bomkamp y sus asistentes hicieron por Robert Reich) es limitar lo que, de otro modo, puedes ver con claridad.

El trabajo de Dan Scotto consistía en comprender a las compañías energéticas y aconsejar a sus clientes si invertir en ellas. Como jefe de la división de investigación de su empresa, tuvo que averiguar todo lo que pudo sobre lo que hacían esas compañías energéticas y lo bien que lo hacían. Y entonces, al igual que un árbitro que no juega, pero que sigue afectando al resultado de un partido, tenía que emitir su veredicto. Tenía, clara y definitivamente, que resumir su análisis con una recomendación para comprar o evitar a esa compañía.

Dan realizaba el análisis fundamental por su cuenta. No tenía que preocuparse de que algún equipo mayor le diera sólo las noticias buenas, como hacían los asistentes de Robert Reich, o de que lo rechazaran sin escucharle, como le pasó a Katherine Bomkamp.

Tal y como había hecho muchos cientos de veces antes, a mediados de agosto de 2001, Dan reunió la información financiera que necesitaba para redactar un nuevo análisis sobre una compañía energética. Lo que vio fue desconcertante. Había una convulsión en el liderazgo de la compañía. Algunas absorciones se abortaron. Había debilidades en las divisiones fundamentales del negocio. Pero además de eso, el balance general no «superaba la prueba». En pocas palabras: no entraba suficiente dinero en la compañía como para soportar sus deudas y obligaciones. Se trataba de un problema que era mucho más acuciante porque «no se trataba de una empresa con activos tangibles. Estaba construida sobre el papel y tenía muchas deudas en relación a sus propios fondos». En otras palabras, cuando la compañía quebrara, y lo haría, caería a toda velocidad.

El informe de Dan sobre Enron (con el título de «Con mucha tensión y sin ningún lugar al que ir») constituía un aviso para los inversores sobre una compañía que cotizaba a más de 35 dólares por acción. Que la compañía se hubiera construido tras capa y capa de transacciones falsas era algo desconocido para Dan o para cualquiera que no perteneciese a la empresa o a sus contables, pero comprendió que los aspectos fundamentales de la compañía no cuadraban y que, con toda seguridad, el peligro se cernía sobre ella.

Por temor a que el mensaje subyacente de su sobrio informe fuera pasado por alto por la comunidad de inversores, Dan resumió su análisis en una teleconferencia de seguimiento. Afirmó que las acciones de Enron «debían venderse a toda costa, y que debía hacerse ya».

Dan, que era un viejo veterano de Wall Street, era un analista muy respetado. De hecho, la publicación del mundo de los negocios *Institutional Investor* lo había incluido en su equipo de analistas estrella durante nueve años seguidos.

Tres meses después del informe de Dan, su análisis demostró que había dado en el blanco. Esas acciones de Enron que cotizaban a 35 dólares cuando él publicó su advertencia ahora no valían ni un céntimo. Los inversores que siguieron los consejos de Dan se ahorraron miles, millones o incluso miles de millones de dólares. Fue el ejemplo de la previsión que puede definir una carrera en Wall Street. De hecho, tras tres décadas en el negocio, hoy en día Dan menciona ese informe sobre Enron en el primer párrafo de su currículum.

¿Cómo reaccionó su patrón en el momento culminante de la carrera de Dan? Tres días después de que hiciera circular el informe, su jefe le dijo que tenía prohibida la entrada a la oficina. Primero estuvo en baja remunerada. Le comentaron que se marchara a su casa, que se calmara y que pensara. Más adelante, su jefe lo llamó y le anunció que la baja había concluido, y lo despidieron. En relación al informe sobre Enron, simplemente dijo: «No creemos que fuera una recomendación buena ni razonable».

Este episodio fue un ejemplo clásico de la capacidad de un gran grupo para tomar decisiones irracionales. «Me centré en los números y di un aviso basándome en lo que vi –decía Dan–. Pero cuando ese informe lanza una idea sobre la compañía, hay banqueros especialistas en inversiones y gente en puestos superiores que están pensando en que Enron nunca contratará los servicios de nuestra empresa y que nunca conseguiremos comisiones de Enron con este informe en circulación».

Para Dan, la esencia del problema de Enron fue que había emitido una deuda enorme, generando beneficios para los bancos de inversiones y los asesores, pero las sacas estaban vacías. No había activos para respaldar una deuda adicional, y la carga de la deuda existente era aplastante.

Centrada en el problema de cómo conseguir futuros ingresos de Enron, la compañía de Dan era ajena a la realidad de que él les había proporcionado una solución valiosa. No sólo iba a ahorrarles el esfuerzo baldío de cortejar a una mala empresa, sino que también les estaba proporcionando una credibilidad frente a los inversores que no tenía precio como la compañía que advirtió al mundo con respecto a Enron.

«En lugar de ello, mis jefes querían ganar más dinero con Enron en forma de comisiones. Por supuesto, eso es una fantasía –comentaba Dan–. Es como intentar vender nuevas tumbonas al *Titanic*. Yo podía verlo y podía explicarles eso, pero tienes a una docena de personas alrededor de una mesa de conferencias y todos se están fijando en esa pequeña parte por la que se preocupan; y en lugar de una advertencia reveladora, ahora mi informe parece una basura provocadora que va a costar futuros negocios a la empresa».

No sorprende que la experiencia animara a Dan a encaminarse hacia una nueva dirección. Fundó su propia pequeña empresa de asesoría financiera. Su nueva compañía sólo elabora análisis. «No tenemos una división que se ocupe de enterrar las investigaciones que parezcan inadecuadas –afirma Dan–. No disponemos de ninguna división que se encargue de actuar de forma contraria a lo que sabemos que es verdad. No es más que puro análisis. Aquí tenemos lo que pensamos, ni más ni menos».

Echando la vista atrás, Jordan admitirá que el tema es una especie de montaje. «¿Cómo puedes estar a la altura de esas expectativas? –pregunta–. Se supone que es el día en el que consigues que todos tus sueños se hagan realidad. *Todo* tiene que ser perfecto. Todo. Eres la Cenicienta y ahí está tu príncipe, y en esta versión, toda tu familia y tus amigos también están perfectos, y no hay una malvada madrastra y el carruaje no se transforma en una calabaza».

Por desgracia, la experiencia de la boda de Jordan y Aaron fue de todo menos un cuento de hadas hecho realidad.

Jordan se imaginaba algo ligeramente modesto, pero encantador, pero se dio cuenta con mucha rapidez de que sería muy difícil que estuviera a la altura de sus expectativas.

Los padres de Aaron invitaron a los de Jordan a cenar para celebrar el compromiso y hablar sobre cómo podrían ayudar los padres de él con la planificación de la boda. El gesto no fue apreciado del todo. La madre de Jordan se consideraba la directora ejecutiva del proyecto de esta boda, y ahora, incluso antes de que hubiera empezado a organizarla, esta gente estaba entrometiéndose. No obstante, a petición de Jordan, su madre dijo que agradecerían la ayuda. De manera inesperada, el padre de Jordan incluso expresó interés por todo, pese a que Jordan sospechaba que sólo le preocupaba que la boda no se celebrara durante la temporada de fútbol americano.

Entonces, las hermanas de Jordan y Aaron también intervinieron. Seguro que también iban a tener su papel.

En medio de toda esta vorágine, Jordan y Aaron, las personas que se casaban, quedaron olvidadas. Se sintieron como si tuvieran que recordar al autoproclamado comité de bodas que ellos eran la razón de que todo eso ocurriera.

Ésa fue, sin embargo, la única cosa en la que el grupo pudo estar de acuerdo: las fiestas de compromiso y las despedidas de soltero/a. ¿Dónde, cuándo, cuántas? ¿Qué hacer con los invitados antes de la boda? ¿Una fiesta de bienvenida? ¿Un almuerzo? ¿Golf? Todo estaba abierto al debate.

A medida que el alcance de los eventos iba en aumento, Jordan sintió como si todo se estuviera alejando cada vez más de ella.

«Se supone que tenía que ser *mi día*, pero no era realmente mío y no todo iba a encajar en un solo día», decía Jordan.

Había problemas más importantes. Se discutía sobre cada pequeño detalle. La madre de Jordan quería un estilo de época para el banquete. Es elegante, afirmaba, y a Jordan le gustan las antigüedades. La hermana de Aaron defendió un estilo moderno. Jordan y Aaron trabajaban en el sector tecnológico, y ella dijo que la boda debía celebrarse en su propio contexto.

El acuerdo no satisfizo a nadie. La enorme tarta de bodas parecía que hubiera venido de un futuro no muy lejano, y los centros de mesa parecían sacados de finales del siglo XIX.

Luego estaba la banda de música. Jordan mencionó a un pequeño grupo local de jazz que le gustaba. Su madre escogió un septeto de música contemporánea. Dijo que tenían un abanico más amplio de música y que quería algo más vital. Jordan decía que el jazz era la música de la vida. Y así estalló y se prolongó la batalla sobre el grupo musical hasta que llegaron a otra solución intermedia insatisfactoria: las contratarían a ambas.

Era el pensamiento propio de un grupo esquizofrénico que hizo que invertir en Enron pareciera una buena idea. Obsesionado con el problema de hacer que todo fuera perfecto, el comité de bodas lo complicó todo aún más. Y ahora, en lugar de un cuento de hadas, la boda se parecía más a la venganza del monstruo de dos cabezas.

Peor que la sensación de que la boda era incoherente: hubo resquemores. Todos los implicados se sintieron como si hubiera algo importante que no estuviera del todo bien porque nadie se salió con la suya.

A pesar de todas las frustraciones y las insistentes batallas menores, fue un día maravilloso para Jordan y Aaron. Sin embargo, Jordan tiene un consejo para sus amigos cuando vayan a casarse: «Fugaos».

La lección

Cuando tienes un gran problema, pides ayuda. Creemos que no hay problema que no podamos resolver si en su solución implicamos a suficientes personas.

¿Pero qué aporta realmente la quinta, la décima o la quincuagésima persona a la que implicas? Añaden incoherencia, suman filtros que evitan que la información te llegue y aportan una capa incluso más potente de fijación en el problema que nos ocupa, que se interpone en el camino para encontrar una solución.

Robert Reich, Dan Scotto, Katherine Bomkamp y Jordan estaban frustrados por las debilidades inherentes de la toma de decisiones en grupo. Dan y Katherine tuvieron que enfrentarse al rechazo reflexivo de sus ideas por parte de un grupo porque éste no podía ver más allá de los problemas que tenían delante de ellos. Robert Reich y Jordan disponían de grupos que querían que fueran felices, pero abordar los problemas de su felicidad dio lugar, del mismo modo, a decisiones irracionales.

Cuando el **75 % de las personas da una respuesta obviamente incorrecta tan sólo para adaptarse a la preferencia de un grupo**, entonces no existe ninguna justificación para la asunción de que más gente dará lugar a mejores respuestas.

Imagina que tuvieras a veinte artistas a tu disposición. Todos pintarían un cuadro para ti. No se trata de veinte artistas pintando veinte cuadros distintos, sino de veinte artistas pintando un cuadro sobre un mismo lienzo. ¿Sabes con qué acabarías?: con ninguna visión. Incoherencia. Esfuerzos echados al perder cuando el trabajo de un artista se superpusiera al de otro y arruinara lo que otro estaba intentando hacer. Al final, tendrías algo menos de lo que cualquiera de esos artistas podría hacer él solo.

DOS CONSEJOS: MEJOR QUE UN GRUPO

Compite contra ti mismo. Estás trabajando solo y enfrentándote a una tarea difícil. Quieres múltiples ideas buenas, pero sólo eres una persona con un punto de vista sobre las cosas. Una competición contra ti mismo te puede ayudar a fomentar múltiples flujos de ideas y a trabajar desde distintos puntos de vista.[2] Puedes enfrentar tu mejor idea de la mañana a tu mejor idea de la tarde. La mejor idea durante la comida a tu mejor idea en la oficina. Mientras el contexto (tiempo, lugar, algo) sea distinto, tu proceso de pensamiento será diferente, y serás tu propia fuente de perspectivas nuevas.

Llama a ese amigo tuyo del cabello teñido de morado. Cuando buscamos contribuciones de otros, tenemos la tendencia a escuchar a aquellos que más se parecen a nosotros. Eso significa que escuchamos a personas que es más probable que vean las cosas como las vemos nosotros y que es más improbable que nos aporten una perspectiva que nos permita evitar nuestro problema. El sociólogo Martin Ruef advirtió que los líderes innovadores del mundo de los negocios suelen tener una amplia variedad de amistades.[3] Aquellos que trabajan en el mundo de los negocios y que son más conformistas y tienen menos éxito intentan pasar su tiempo rodeados de gente que es como ellos. No necesitas un eco cuando formulas una pregunta. En lugar de ello, habla con alguien que lo vea todo de forma distinta.

2. BAZERMAN, M.; TENBRUNSEL, A.; WADE-BENZONI, K. (1998), «Negotiating with yourself and losing: Making decisions with competing internal preferences», *Academy of Management Review*, vol. 23, págs. 225-241.
3. RUEF, M. (2002), «Strong ties, weak ties and islands: Structural and cultural predictors of organizational innovation», *Industrial and Corporate Change*, vol. 11, págs. 427-449.

Capítulo 6

Cuatro puntos y lo incorrecto de tener siempre la razón

¿Qué pasaría si te perdieses mientras conduces? ¿Qué aspecto te provocaría más problemas? No sería el despiste ni el cansancio, sino la confianza.

La persona que tiene confianza en sí misma simplemente *sabe* que lo solucionará todo. No busca la fuente del error, ni se desvía hacia la cuneta para orientarse, y ni siquiera piensa en pedir ayuda. La persona con confianza en sí misma que se ha perdido no vuelve sobre sus pasos, sino que se la juega a doble o nada.

La persona perdida que tiene confianza en sí misma avanza con determinación y no mira hacia atrás, ya que no hay tiempo que perder. Cuanto antes ejecute su plan, antes llegará adonde tiene que llegar. No se pregunta por qué la señal que se supone que tendría que estar a la izquierda está a la derecha, o cómo es posible que esté cruzando el mismo puente por segunda vez. Es la persona perdida y llena de confianza en sí misma la que llega más lejos por el camino equivocado.

Nos congratulamos de la confianza como el subproducto natural de nuestra capacidad y éxito. Valoramos la confianza como el recurso que nos ayuda a hacerlo todo mejor, pero le damos rienda suelta simplemente haciendo algo, lo que sea, con independencia de si está bien o mal. Cuando la confianza se interpone al hacer preguntas, entonces ya no nos impulsa hacia delante, sino que nos encadena.

Diane Ravitch es una experta en políticas educativas que describe el movimiento moderno de reforma de la educación estadounidense y su primer enfoque en forma de pruebas previas en las escuelas como «un tren de carga, y yo me encuentro en la vía diciendo: "¡Vas por el camino equivocado!"». Lo que hace de la opinión de Ravitch con respecto a todo esto algo especialmente interesante es que ella solía viajar en ese tren gritando: «¡Ve más rápido!».

Como segunda persona en el elenco del Ministerio de Educación de Estados Unidos a principios de la década de 1990, Ravitch ayudó a liderar una revolución. Tras muchos años trabajando como investigadora que estudiaba y observaba las políticas de educación, se vio, de repente, en un puesto para legislar, y no iba a perder la oportunidad ocupándose de temas baladíes. Quería fomentar una mentalidad completamente nueva sobre cómo pensamos acerca de las escuelas, cómo las valoramos y recompensamos, cómo desafiamos a las mejores y aupamos a las más flojas. En pocas palabras, quería saber cómo hacer que las escuelas hicieran *todo mejor*. Incluso tras dejar el gobierno, permaneció vinculada a su tarea para ver cómo sus reformas cobraban vida. Ravitch se encontraba entre las voces dominantes en dos comités de expertos y ayudó a gestionar una organización que revisaba todos los exámenes que se crearon a partir de las reformas que ayudó a difundir.

Ravitch tenía las cosas claras en lo concerniente a su trabajo. El problema consistía en un sistema educativo deficiente que no mejoraba. El remedio podía explicarse en unas cuantas palabras: altos criterios de calidad.

«Los criterios de calidad altos –decía–, siempre son algo bueno. Si implantáramos criterios de calidad elevados por doquier, todos se beneficiarían de ello. Y al hacer eso, reorientaríamos en gran medida a las peores escuelas. Para aquellas que se encuentran en los últimos puestos, más de lo mismo ya no resultaría aceptable nunca más».

Hubo un gran alboroto en contra de las ideas que Ravitch y su equipo estaban promoviendo. Los expertos y los educadores la acusaron de que era estrecha de mente, de que estaba perdiendo la perspectiva de lo que hacen las escuelas y de que sólo valoraba la porción más pequeña de una verdadera educación. Los críticos decían que ella y sus aliados creían que los criterios de calidad tenían una cualidad casi mágica. Afirmaban que si todo lo que se necesitaba eran criterios de calidad elevados, entonces cualquier organización en cualquier lugar mejoraría por el mero hecho de elevar sus criterios de calidad. Eso eran sandeces, decían.

Ravitch tenía una respuesta para esos críticos: que dejaran de esconderse detrás de las palabras. Que dejaran de encogerse de miedo tras sus escritorios.

«Sinceramente, pensé que les asustaban los exámenes», comentaba Ravitch. Creía que con independencia de que se tratara de profesores como de administradores o legisladores, todos «estaban asustados de que ahora fuéramos a mostrar a la luz pública lo que hacían y que fueran a quedar expuestos por fallar a nuestros hijos».

¿Tenía dudas sobre su postura? Ninguna. Lo apropiado de su postura era obvio. Todos a los que conocía le decían que tenía razón. «Estás rodeada de gente con las mismas ideas –comentaba Ravitch–. A lo largo de los años desarrollas todo un conjunto de relaciones con gente que está de acuerdo contigo y se alegra por lo que estás haciendo. En ese círculo no aparecen muchas críticas».

La confianza total en su postura era vigorizante. Iba a trabajar cada día siguiendo adelante a toda máquina. Sabía que tenía la razón. Por lo menos lo sabía hasta el día que dejó de tenerla.

Cuando Ravitch se fijó detenidamente en los efectos de las reformas por las que había luchado, empezó a tener dudas. Imaginaba una nueva era de educación construida sobre incentivos para enseñar más y mejor. Lo que vio fue un nuevo imperativo educativo basado en una cosa: enseñar para el examen.

«Hemos creado un sistema en el que la profesora García no va a enseñar más que lo que se vaya a preguntar en el examen», exponía Ravitch.

El resultado es amargamente irónico para Ravitch. «En un esfuerzo por mostrar la importancia vital que tiene un profesor para el aprendizaje, socavamos esa habilidad del profesor para enseñar de verdad», afirmaba.

De hecho, piensa que su movimiento sacrificó la formación más valiosa en un aula en favor de una habilidad en esencia inútil. «Hemos remodelado el sistema educativo hacia un enfoque de "respuestas correctas, respuestas correctas, respuestas correctas", pero la vida no es así –comentaba–. Estamos asignando un enorme valor al hecho de ser capaz de escoger la casilla correcta de entre cuatro, pero resulta que esto acaba siendo una habilidad con no excesiva valía. No puedes llevarte esta habilidad a tu puesto de trabajo y hacer que te paguen por ella».

Fue un proceso de conversión muy doloroso, pero a Ravitch no le quedó otra. Había ayudado a crear un movimiento que ahora piensa que es pasajero, no respaldado por pruebas y malo para nuestros hijos. La política era bastante defectuosa y tuvo que empezar a liderar la lucha contra sus propias ideas.

Ravitch pasó mucho tiempo pensando en cómo podía haber trabajado con tanto ahínco en aras de la política equivocada. Se dio cuenta de que el escepticismo propio del investigador que normalmente aplicaba estaba ausente en su época como legisladora.

«Estaba emocionada, atrapada en el fervor de todo ello –exponía–. Siempre busco los problemas ocultos, las suposiciones tácitas y las consecuencias accidentales en cualquier idea. Rechazo diecinueve de cada veinte ideas que pasan por mi escritorio por el hecho de que están a medio desarrollar. Pero creía tan firmemente en mí y en la gente con la que estaba trabajando, creía con tanta seguridad en la idea central, que me olvidé de cuestionarla con la misma mirada escéptica».

Ravitch ya está fuera del gobierno. No dispone del poder para deshacer lo que hizo, y sólo puede cuestionarlo, pero permanece unida a un nuevo grupo de aliados: las mismas personas que antes eran sus críticos más feroces. «Han sido maravillosos conmigo, incluso aquellos cuyos motivos cuestioné antaño –explicaba Ravitch–. Y lo cierto es que, si me hubiera mostrado más abierta a tener en cuenta sus críticas en primer lugar, habría llevado a cabo un trabajo mejor para nuestros hijos».

En 1953, el entrenador jefe de un equipo masculino de baloncesto de la primera división de las ligas universitarias ganaba más o menos lo mismo que uno de esos profesores de instituto por los que Diane Ravitch se preocupa. Hoy en día, casi todos los entrenadores de un buen equipo de la primera división de las ligas universitarias gana más de un millón de dólares por temporada, y muchos ganan varias veces esa cifra.

Ese entrenador corriente de 1953 asumía casi todas las tareas necesarias para dirigir a un equipo. Al contrario que sus colegas actuales, no disponía de cuatro entrenadores ayudantes a jornada completa, ni de un entrenador de musculación, un nutricionista o un coordinador académico.

No es de sorprender que los entrenadores de esa época no se consideraran, por lo general, técnicos expertos hiperespecializados del deporte en cuestión, y los medios de comunicación ofrecían bien poco para alimentar y mantener unos egos descomunales. En lugar del contrato televisivo de varios miles de millones de dólares vigente en la actualidad para retransmitir cada segundo del campeonato de la NCAA (Asociación Nacional de Deportes Universitarios de Estados Unidos), los entrenadores de 1953 estaban compitiendo por llegar a un campeonato que ni siquiera se retransmitía por la televisión nacional.

Algo interesante ha sucedido a medida que los entrenadores universitarios han ganado importancia a lo largo de los últimos sesenta años: ¡los equipos han empeorado en la tarea más fundamental del baloncesto! Cuando en 2012 sonó el final en un partido entre Georgetown y Tennessee, *ninguno de los equipos había anotado ni siquiera 40 puntos*. En un partido de una liga universitaria estadounidense de nivel intermedio de 2013, un equipo llegó a la media parte tras haber anotado sólo cuatro puntos. En conclusión: en 2013, los equipos universitarios masculinos de baloncesto anotaban menos puntos por partido que en 1953 o que en ninguna temporada que se haya jugado entre ambos años mencionados.

¿Cómo es posible? Si pagas más a los entrenadores, si pones su trabajo bajo los focos de la televisión de manera continua, si pones sus nombres a estadios y canchas, ¿acaso no deberían mejorar en su trabajo?

De hecho, lo que verán, sobre todo, es lo grandes e importantes que son. Y la gente grande e importante debe implicarse en lo que está pasando una y otra vez. En las escuelas de negocios llaman a esto el *romance del liderazgo*. Vemos a los líderes como gente activa. Los consideramos gente implicada. Como líderes, cuanto más activos seamos, más medallas podremos ponernos. Diane Ravitch era una líder y estaba tan segura de sí misma que creía que su insistencia en los exámenes sería una panacea para las escuelas. Los entrenadores de equipos universitarios de baloncesto son líderes, y son tan buenos en su trabajo que deben ir remodelando sus equipos durante todo el partido.

Todo esto tiene unos efectos considerablemente claros en el baloncesto universitario actual. Wally Szczerbiak, analista de baloncesto y estrella en el torneo de la NCAA de 1999, observa el baloncesto universitario de la actualidad y ve a «entrenadores que asfixian el juego».

En lugar de preparar a su equipo y luego verle ejecutar su trabajo, los entrenadores actuales se introducen de manera activa en el juego a medida que va sucediendo. «Entrenan todas y cada una de las fintas», se lamentaba Szczerbiak.

Lo que sucede a continuación es del todo previsible. Cuando te están entrenando durante un partido haces, naturalmente, las cosas con más tranquilidad. Escuchar, interpretar y reaccionar llevan tiempo y exigen esfuerzo. Es más difícil hacer lo que te *están* diciendo que hacer lo que te *han* enseñado. «No hay duda alguna sobre ello», admite Brad Brownell, el entrenador principal de la Universidad de Clemson: «como entrenadores los ralentizamos».

Peor que eso es que mientras estás escuchando e interpretando, estás dificultando la expresión de tus habilidades naturales, tus instintos afilados e incluso tu capacidad de ejecutar las lecciones que el entrenador te ha enseñado durante varios meses de práctica. Y entonces nos encontramos con las vacilaciones que llegan con el hecho de saber que cada error va a atraer la ira inmediata del entrenador.

Aunque la instrucción excesiva se da a lo largo del partido, sobre todo intensa hacia el final de los partidos con un resultado ajustado. «Todos esos tiempos muertos hacia el final del partido, todo ese hablar en lugar de jugar: eso está bien para trazar estrategias, pero es horrible para actuar –decía Szczerbiak–. Si quieres que introduzca un balón de baloncesto por un aro, lo último que quiero que hagas es que me hagas parar, hagas que me siente unos momentos y me digas que piense en ello. El baloncesto es un juego de ritmo y sensaciones. No obtienes nada de ritmo con tu trasero reposando en un asiento».

Los equipos conseguían más puntos (eran mejores jugando al baloncesto) con entrenadores de un perfil más bajo. Diane Ravitch cree que la educación estadounidense sería mejor hoy en día si no hubiera creído con tanto fervor en sí misma. La confianza suprema en uno mismo es una herramienta en gran medida poderosa, pero también es una herramienta que puede ocuparse del primer problema a nuestro alcance de forma tan implacable que nadie tenga la perspectiva para pensar en si la persona en cuestión está empeorando el problema.

Si Szczerbiak pudiera pedir un tiempo muerto y reunir a todos los entrenadores actuales en un corrillo, tendría un mensaje sencillo para ellos: «En la historia del juego, los entrenadores han marcado, exactamente, cero puntos –les diría–. Recordad esto la próxima vez que empleéis cuarenta minutos agotándoos en la banda intentando ganar el partido. ¿Queréis que vuestro equipo enceste? La próxima vez probad a sentaros y dejad que los jugadores jueguen».

Siempre tienes más información a tu disposición de la que tal vez podrás usar. ¿Quieres la relación de victorias y derrotas deprisa y corriendo? ¿O te gustaría conocer dónde, cuándo, cuán rápido y contra quién? Quizás quieras tomar el punto de vista de los expertos: ¿qué es lo que prevén? O podrías, simplemente, aprovechar todas las posibilidades.

Hay muchas formas de centrarse en apostar a los caballos, pero la transacción básica es la misma. Tú eliges, te diriges a la ventanilla y apuestas, y luego miras. En el transcurso de la carrera, que dura unos dos minutos, los caballos toman posiciones en las partes exterior e interior, se ocupan primeras posiciones y se pierden, y tu corazón late mientras esperas el resultado. ¿Ha ganado o perdido tu caballo? ¿Has ganado o perdido?

Estás sentado en las gradas, estudiando a los caballos de la sexta carrera. Ahora lo has averiguado. Sabes a qué caballo quieres apostar. De camino a la ventanilla vas pisando montones de papeletas de apuestas desechadas esparcidas por el suelo. Si habías olvidado que la mayoría de las apuestas son perdedoras, simplemente, podrías echar un vistazo rápido al suelo o escuchar el sonido del crujido del papel que acompaña a cada paso que das.

Justo antes de llegar a la ventanilla de apuestas un tipo te pregunta, con amabilidad, si puede hacerte una pregunta rápida. Le dices que de acuerdo. Todavía queda tiempo suficiente para que hagas tu apuesta antes de que comience la carrera.

Te dice: «¿Echaría usted un vistazo a esta tarjeta y me diría las probabilidades de ganar la carrera que cree que tiene el caballo al que va a apostar?».

La tarjeta tiene una escala numérica. Lees que dice que «uno» significa que crees que tu caballo tiene una «ligera» probabilidad de ganar. «Siete» significa que piensas que tu caballo tiene unas probabilidades «excelentes». El tipo te dice que no te preocupes por cómo están las apuestas ni por ninguna otra cosa, sino que tan sólo digas cuáles son las probabilidades de ganar que crees que tiene tu caballo.

Resulta que allí hay otro tipo trabajando en el otro extremo de la fila, hablando con la gente justo después de que hayan hecho sus apuestas. Le hace exactamente la misma pregunta a un grupo distinto de apostantes.

La gente a la que le hacen la pregunta después de haber apostado tiene un 38 % más de confianza en que va a ganar que aquella a la que han preguntado antes de que hayan realizado sus apuestas.[1]

Sus caballos no corrieron con más rapidez. Las probabilidades no variaron. Nada cambió excepto que un grupo estaba *a punto* de poner en marcha su decisión y el otro *ya* la había iniciado.

El término sofisticado para definir esto es el de reducción de la disonancia tras la toma de una decisión. En términos sencillos, por lo general disponemos de mucha información opuesta cuando tomamos cualquier decisión. Sabemos que existen razones (algunas buenas razones) por las cuales deberíamos haber hecho algo de forma distinta. Toleramos todo ese conflicto antes de hacer algo, pero tras hacerlo, empezamos a dejar a un lado el conflicto. Empezamos a degradar la información que entra en conflicto con la resolución que hemos tomado. Comenzamos a dar más importancia a las cosas que respaldan nuestra decisión.

Apostar en una carrera de caballos (al igual que cualquier otra decisión) lleva implícito un sinfín de datos que sugieren que deberíamos haber hecho algo distinto. Hay razones que respaldan apos-

1. KNOX, R.; INKSTER, J. (1968), «Postdecision dissonance at post time», *Journal of Personality and Social Psychology*, vol. 8, págs. 319-323.

tar a otros caballos, o no hacerlo en absoluto. Después de haber apostado, dejamos a un lado el conflicto. He hecho lo correcto. Estoy seguro de lo que he hecho.

Esta nueva confianza llega tan rápido (en tan sólo segundos) que ni siquiera tenemos que pensar. No deliberamos y decidimos de manera racional que la única información que importa es aquella de apoyo. No: cedemos a nuestro instinto. Ahora que eso ya está hecho, estoy seguro de que hice lo correcto: de otro modo no lo hubiera hecho.

Una de las personas entrevistadas antes de apostar se encontró con el otro investigador, el que estaba hablando con la gente que ya había apostado. Se acercó a él y le dijo: «¿Estás trabajando con el tipo que está ahí? Bueno, le acabo de decir que mi caballo tenía una probabilidad regular de ganar. ¿Harás que cambie mi respuesta por una probabilidad buena? ¡No, por Dios, que sea una probabilidad excelente!».

Y eso es la reducción de la disonancia tras la toma de una decisión. Había transcurrido un minuto. Nada con respecto al caballo, a la pista, al hipódromo o a las condiciones había cambiado en absoluto, pero el apostante había cambiado en ese minuto. Pasó de ser alguien a punto de actuar a alguien que ya había actuado. Y ahora era el momento de hacerse fuerte y respaldar su acción.

Porque eso es lo que hacemos. Incrementamos el atractivo de lo que hemos hecho y reducimos el de lo que no hemos llevado a cabo.

Por desgracia, nuestra recién hallada confianza no hace que tengamos la razón. De hecho, hace que nos resulte más difícil tener éxito porque tendremos más problemas para aprender de nuestros errores que si hubiéramos valorado antes la información de forma realista y hubiéramos actuado después.

Es esa misma habilidad para generar una confianza arbitraria por el mero hecho de hacer algo la que alimenta la firme convicción de los entrenadores de equipos de baloncesto universitarios de que interrumpir el juego para exponer su sabiduría es provechoso cuando la puntuación sigue poniéndose más y más en contra. Se trata de la misma confianza arbitraria que hizo que Diane Ravitch no se cuestionara nunca sus planes educativos mientras los estaba imponiendo en las aulas de toda la nación. Es la misma confianza arbitraria que alimentaba a los profesores de John Lennon mientras le daban por perdido y a los bomberos paracaidistas mientras iban a su aire. Para los apostantes, los entrenadores, Diane Ravitch o quien sea, la confianza indiscutida procede de hacer algo, sin importar si era lo correcto. En otras palabras, cuando estamos equivocados vamos a seguir estándolo muy felizmente.

Entre los pacientes había jóvenes y ancianos, hombres y mujeres. Algunos estaban enfermos y otros sufrían lesiones.

Pero todos ellos tenían tres cosas en común. En primer lugar, ninguno de ellos tenía un problema que pusiera en peligro, ni siquiera remotamente, su vida. En segundo lugar, todos sufrieron un episodio fatal o casi fatal mientras estuvieron ingresados en el hospital. Y en tercer lugar, todos ellos habían estado en contacto con el doctor Michael Swango.

Hoy en día, Swango está cumpliendo varias cadenas perpetuas consecutivas tras confesar que había acabado con la vida de varios pacientes. Las historias del médico asesino en serie que envenenó a pacientes en hospitales de Estados Unidos y otros países es espeluznante e inexplicable, pero el dolor que infligió es mucho más escalofriante porque sus superiores en su primer empleo podrían haberle parado los pies, pero se interpuso su confianza en su profesión.

Tras finalizar sus estudios universitarios en la facultad de medicina, Swango fue aceptado en el programa de residentes de cirugía en la Universidad Estatal de Ohio. De manera inexplicable, fue escogido entre veintenas de candidatos más cualificados. A Swango le llevó un año extra finalizar sus estudios de medicina debido a las preocupaciones existentes sobre su mediocre rendimiento, pero la

Universidad Estatal de Ohio lo aceptó antes que otros médicos que se habían licenciado en el tiempo previsto y que tenían mejores calificaciones de mejores facultades.

En cualquier caso, desde un buen principio, el doctor Swango no logró cumplir las expectativas de la Universidad Estatal de Ohio. Era difícil trabajar con él, era descuidado, estaba mal preparado y con frecuencia tomaba atajos respecto a algunas de las tareas ordinarias que se requieren de un residente de primer año, como hacer la anamnesis a los enfermos. A mediados de su primer año, el comité de residentes de la Universidad Estatal de Ohio decidió que no se iba a permitir que el doctor Swango finalizara el programa de varios años de duración y que se le despediría al final de trimestre.

Poco después de que el doctor Swango supiera que le iban a despedir, se produjo un gran incremento en la tasa de mortalidad en el ala del hospital en el que trabajaba. Una mujer atlética de diecinueve años sufrió, de manera inexplicable, un paro cardíaco y falleció. Tras varias muertes más, una noche estuvo especialmente llena de incidentes en las que dos sexagenarias sufrieron, de un modo repentino, un fallo respiratorio. Los médicos se volcaron en las pacientes, intentando salvar sus vidas desesperadamente sin tener la más remota idea de qué había provocado su estado. Una de las mujeres falleció y la otra conservó la vida por los pelos.

Los hospitales se ven afectados por la muerte de pacientes de forma regular, por supuesto. No hay nada destacable ni digno de mención en ello. Pero la tasa de mortalidad se disparó en el hospital de la Universidad Estatal de Ohio, y lo que en condiciones normales habría sido un incidente extraordinariamente raro en el que pacientes estables y vigorosos fallecían de una manera inexplicable, se convirtió en algo corriente. Habría resultado difícil relacionar estos hechos con el doctor Swango, excepto por un pequeño detalle: había testigos.

La paciente que sobrevivió al inexplicable paro respiratorio explicó más tarde a los médicos y enfermeras que justo antes del episodio, un doctor que encajaba con la descripción del doctor Swango había entrado en su habitación con una jeringa y que había inyectado su contenido en su vía intravenosa.

Había una segunda testigo. La paciente de la cama contigua había visto exactamente lo mismo.

Y también una tercera testigo. Una enfermera en prácticas había entrado en la habitación y había visto al doctor Swango, al que identificó por su nombre, con la jeringa.

Entre los numerosos aspectos alarmantes de los informes de las testigos estaba el hecho de que el doctor Swango no tenía ninguna razón médica para estar en esa habitación del hospital, y no disponía de ninguna razón médica para ni tan siquiera inyectar algo en la vía intravenosa de la paciente, y, en última instancia, sus respuestas sobre lo que estaba haciendo allí eran contradictorias, hasta el punto de afirmar, en un momento dado, que se encontraba allí para ayudar a una paciente a encontrar sus zapatillas y también que nunca había estado en la habitación.

Mientras tanto, otra enfermera vio al doctor Swango saliendo del cuarto de baño de una habitación de pacientes que estaba vacía. Al pensar que se trataba de algo muy raro (ya que los médicos no usan los lavabos de los pacientes), examinó el cuarto de baño. Encontró una jeringa. Preocupada porque ese extraño comportamiento indicaba que el doctor Swango había hecho algo incorrecto, envolvió con cuidado la jeringa y se la llevó consigo como prueba.

¿Qué hicieron los médicos que dirigían el hospital con respecto a estos acontecimientos devastadores y mortales? Cerraron filas.

Aunque las habilidades del doctor Swango eran mínimas y su trabajo mediocre, los directivos del hospital encontraron sencillamente absurdo pensar en que un médico, incluso uno al que iban a despedir, estuviera haciendo daño a alguien. La calidad, por supuesto, no está relacionada con la confianza. No hizo falta un caballo extraordinario para inspirar la confianza de los apostantes, y ni siquiera fue necesario un médico vulgar para inspirar la confianza del equipo médico del hospital de la Universidad Estatal de Ohio.

Los médicos responsables, que tuvieron que enfrentarse a unas muertes inexplicables, tres testigos y una jeringa, decidieron que no existía razón alguna para llamar a la policía. En su lugar, llevaron a cabo su propia investigación interna dirigida por médicos.

Al poco tiempo rechazaron el testimonio de cada una de las testigos. La paciente que casi falleció difícilmente podía resultar fiable debido al trauma que había sufrido. Su compañera de habitación fue tachada de paciente con delirios. Casi con toda seguridad, la enfermera en prácticas (para la cual no existía ninguna teoría médica oportuna con la que desestimar su declaración) debería haber resultado creíble, pero en vez de ello, su testimonio se consideró, sencillamente, equivocado. Estaba confundida, eso era todo.

¿Había veneno en la jeringa? ¿Tenía las huellas dactilares del doctor Swango? ¿Contenía una sustancia que se acabó encontrando en el torrente sanguíneo de los pacientes? Al asumir que no era así, los médicos-investigadores nunca se lo preguntaron. Nunca analizaron la jeringuilla. Se quedó, muy bien guardada, en el escritorio de la enfermera durante meses, mientras ella buscaba, de manera infructuosa, a alguien al mando para que la examinara. Acabó por perder la esperanza de que a cualquier médico le preocupara averiguar la verdad, así que acabó por deshacerse de ella.

Las trágicas consecuencias de la investigación ineficaz interna sin policías son meridianamente claras. El doctor Swango se fue del hospital de la Universidad Estatal de Ohio al final del trimestre para encontrar nuevos empleos, primero como paramédico en el estado de Illinois y luego como médico en los estados de Nueva York y Dakota del Sur, y, por último, en el extranjero.

Tuvieron que transcurrir dieciséis años entre los envenenamientos en el hospital de la Universidad Estatal de Ohio y las condenas por las muertes provocadas por el doctor Swango. Y en este intervalo de tiempo, allá donde fue sucedieron muertes inexplicables de pacientes.

Es, en pocas palabras, un caso de exceso de confianza fatal. Los médicos del hospital de la Universidad Estatal de Ohio creían con tanta firmeza en su profesión, en sí mismos y en la superioridad inherente de su trabajo y de la gente que lo llevaba a cabo que ni siquiera podían imaginar la amenaza que suponía el doctor Swango. Creían tanto en sí mismos que las palabras de una enfermera en prácticas, o de incluso de la enfermera jefe, no tenían ningún interés para ellos.

En lugar de preocuparse cada vez más por una serie de acciones y sucesos cuestionables, ganaron confianza con cada decisión que tomaban. Desestimaron a las testigos porque creían que ellos tenían la razón. Rechazaron las pruebas porque ellos tenían la razón. Descartaron los datos que mostraban una tasa de mortalidad extraordinaria porque ellos tenían la razón. Estos médicos no podían haber hecho un servicio más flaco a sus pacientes, su hospital y su profesión, y no hubieran podido hacer nada sin la excepcional confianza de que sabían qué hacer con respecto al problema del doctor Swango.

Cuando dos directores de cine preguntaron a Kaleil Tuzman si podían hacer un documental sobre el negocio por Internet que estaba iniciando, aprovechó la oportunidad.

La idea le resultó fascinante. No sólo acabaría siendo rico y próspero cuando su compañía lo lograra, sino que todo iba a quedar grabado en vídeo. La gente vería lo que había hecho. Verían la creatividad, el empuje. Verían el encanto de Kaleil. Verían la totalidad de su éxito y nunca, pero nunca, lo olvidarían, porque el filme sería eterno.

Las cosas no salieron exactamente así.

Tuzman encontró inspiración en una multa de aparcamiento que había encontrado en el fondo de su armario. Cuando navegó por Internet para saber si tenía que pagar un recargo por demora, además de la multa, no pudo obtener ninguna información al respecto, y mucho menos pagar la multa. Dándole vueltas a la idea con un amigo de toda la vida, decidieron crear una empresa que facilitara que las personas estuvieran en contacto con los gobiernos locales.

Tuzman se encargaría de la parte económica del negocio, y Tom Herman, su amigo de toda la vida, se ocuparía de la parte tecnológica del mismo.

La empresa que fundaron (que acabó llamándose govWorks) se construyó alrededor de la imagen de las largas hileras de gente con las que las personas tanto temen tener que enfrentarse en lóbregas oficinas gubernamentales. ¿Qué pasaría, se preguntaron, si tomásemos una experiencia que el usuario aborrece y que resulta cara para el gobierno en cuanto a dotarla de personal y la sustituyéramos por una transacción que rápida, indolora y económica? ¿Qué ocurriría si, en lugar de esperar en una cola para pagar una multa de aparcamiento pudieras, simplemente, pulsar una tecla? ¿Qué sucedería si en vez de esperar en una hilera de gente para presentar una licencia de obras pudieras, sencillamente, pulsar un botón?

El concepto era muy fácil de explicar, y, además, tenía sentido.

Y Tuzman estaba muy decidido a la consecución del éxito. Vendió la promesa de una empresa que podría, en potencia, conseguir un beneficio procedente de los seiscientos mil millones de dólares en transacciones entre el gobierno y los usuarios. Era una cifra que publicitaba día y noche, en cada reunión que tenía con inversores potenciales. Tuzman consiguió más de veinte millones de dólares en capital de riesgo y 30 millones de dólares en préstamos: más que suficiente para tener cientos de empleados que trabajaran cada día hasta altas horas de la madrugada intentando desarrollar el producto que definiría a la compañía y también la accesibilidad a los estamentos gubernamentales.

Aquello de lo que Tuzman carecía era del sentido de sus propios límites. Al entrar en una reunión con una importante agencia de inversiones, les proporcionó un discurso muy bien pulido sobre el plan de negocio de su empresa. A pesar de ello, saltaba a la vista que de lo que carecía era incluso de una idea básica de qué hacer cuando el discurso demostrara que había tenido éxito. ¿Qué porción de su empresa estaba dispuesto a ceder a cambio de la mayor inversión hasta la fecha en govWorks? No lo sabía. Estaba paralizado por la respuesta de la agencia de inversiones (se trataba de una oferta que expiraría inmediatamente si no aceptaba los términos en su totalidad), ya que no se le había ocurrido que una reunión así tendría dos partes: su discurso y la respuesta por parte de la agencia de inversiones. Y no estaba preparado para ella.

Al entrar en otra reunión con el cofundador de su empresa a su lado, Tuzman quedó estupefacto cuando Herman sugirió una nueva característica para su página web que no habían discutido antes. Al rechazar Tuzman la idea de Herman, quedó claro que habían perdido a estos inversores. Nadie iba a invertir dinero en una compañía cuando los dos directores no podían ponerse de acuerdo sobre qué hacía la empresa.

La diferencia en cuanto a la visión de Tuzman y Herman se amplió hasta que, finalmente, Tuzman decidió que no había sitio para los dos en la compañía. Despidió a su amigo desde hacía más de una década por carta. Luego hizo que empleados del departamento de seguridad acompañaran a Herman hasta la salida del edificio.

El hecho de que él (como Diane Ravitch, los entrenadores actuales de equipos de baloncesto universitario, los médicos del hospital de la Universidad Estatal de Ohio y los que apuestan a los caballos) mostrara una confianza no relacionada con la calidad de lo que estaba haciendo no quedó nunca más claro que cuando la compañía tuvo que entregar un producto real. A pesar de atraer decenas de millones de dólares en forma de inversiones e incluso de asegurarse el santo grial de los contratos de multas de aparcamiento (la ciudad de Nueva York), govWorks falló en un sencillo aspecto. El software no funcionaba. Tuzman había dedicado todo su tiempo a venderse a sí mismo y su capacidad de crear una compañía visionaria. A lo que no había dedicado tiempo era a ver si, de hecho, la empresa podía hacer algo.

Para Tuzman no existe un registro permanente de su gran éxito. Cuando aparecieron los créditos del reportaje, todo el dinero había desaparecido, la compañía se había vendido a precio de saldo y las estrellas del documental fueron el ego de Tuzman y su fracaso.

Sin embargo, el filme deja claro que incluso aquellos que perdieron dinero con Tuzman reconocieron que podían beneficiarse de la experiencia. «Cometí un error contigo –le dijo un inversor–. Por lo general no invierto en personas que no han fracasado antes».

Tuzman comprende por qué muchos inversores de gran éxito respetan el fracaso. «Te enseña una lección cada día –comentaba–. La invencibilidad personal es una gran arma hasta el día en que falla, y entonces aprendes que puede hacerte perder una enorme cantidad de energía en cosas equivocadas».

La lección

Confiamos en creer en nosotros mismos. Nadie quiere achicarse con timidez cuando algo debe llevarse a cabo. Damos un paso adelante, con confianza.

Pero al igual que intentarlo con más ahínco y redoblar esfuerzos pueden ser respuestas tanto atractivas como ineficaces frente a un problema, la confianza también es una herramienta que somos propensos a tomar y usar incorrectamente.

El problema de la utilización de la confianza frente a un problema es que nuestra confianza no siempre procede de nuestras habilidades y puede distraernos de las soluciones potenciales. La confianza de Diane Ravitch le ayudó a cambiar el sistema educativo en Estados Unidos, y ahora desearía no haberlo hecho. Los entrenadores de equipos universitarios de baloncesto entran con confianza en la cancha cada noche, pero esa confianza les ayuda a hacer de sí mismos una molestia improductiva para sus equipos. La confianza de Kaleil Tuzman en sí mismo le ayudó a fundar una empresa y el mayor de los sueños, pero se interpuso en el camino de que se diera cuenta de que el producto de la compañía no funcionaba. «Lo primero es no hacer daño» es un principio fundamental que se enseña a los estudiantes de medicina. Pese a ello, la confianza de los médicos que dirigían el hospital de la Universidad Estatal de Ohio les ayudó a permitir un daño irreparable. **Adquirimos un 38 % más de confianza sobre una decisión simplemente porque no podemos deshacerla**. Podemos crear la confianza sin prestar atención a la capacidad o a la realidad.

Tener gran confianza en que puedes solucionar un problema se asemeja a llevar unas gafas que no necesitas. Lo verás absolutamente todo de forma distinta y no verás nada claro.

DOS CONSEJOS: ESCAPAR DE LA TRAMPA DEL EXCESO DE CONFIANZA

Haz predicciones. Piensa en uno de tus amigos. Si se viera forzado a escoger entre el *The New Yorker* (una revista semanal que publica críticas, ensayos, reportajes de investigación y ficción) y *Vanity Fair* (una revista mensual de cultura, moda y política), ¿a qué revista se suscribiría tu amigo? ¿Cuánta confianza tienes en ti mismo? ¿Cuánto apostarías a que tienes la razón? Cuando los psicólogos hicieron a la gente este tipo de preguntas predictivas y luego preguntaron a los amigos qué es lo que en realidad harían, las predicciones fueron en gran medida erróneas (con un 97 % de los participantes con un exceso de confianza espectacular de que tenían la razón). Si hubieran hecho apuestas reales, los participantes habrían perdido casi todas las veces.[2] Haz en este preciso momento cinco prediccio-

---

2. DUNNING, D.; GRIFFIN, D.; MILOJKOVIC, J.; ROSS, L. (1990), «The overconfidence effect in social prediction», *Journal of Personality and Social Psychology*, vol. 58, págs. 568-581.

nes sobre algo cuyo resultado pueda ser cualquiera. Puede tratarse de cualquier cosa. ¿Qué equipo va a ganar el partido esta noche? ¿Va a llover mañana? Lo que sea. Cuando intentas explicarte por qué una, o dos, o tus cinco predicciones fueron erróneas, recuerda que no hay razón alguna para simular que siempre tienes la razón o que algunos resultados no son arbitrarios. Incluso aquellos capaces de hacer las mejores predicciones en el mundo no saben lo que pasará todas y cada una de las veces, pero son más conscientes de cuándo no saben algo.

Muévete. ¿Cómo puedes ver algo de forma distinta cuando ya te has enseñado cómo ver las cosas «de la mejor forma posible»? Muévete. En un experimento, los investigadores hicieron que algunos sujetos movieran sus brazos siguiendo un patrón fluido, con extensos movimientos de gran amplitud.[3] Otros sujetos movieron sus brazos siguiendo patrones breves y precisos. Luego, todos fueron sometidos a una prueba de creatividad, con preguntas que abarcaban temas como cuántas utilidades se te pueden ocurrir para los periódicos viejos. Los que realizaron movimientos fluidos consiguieron una puntuación un 24 % superior en esta prueba de creatividad. El cuerpo es una metáfora tangible de nuestro proceso de pensamiento. En otras palabras, un cuerpo que se mueve de forma fluida y libre produce nuevos pensamientos, mientras que uno rígido está atascado con respuestas antiguas.

3. SLEPIAN, M.; AMBADY, N. (2012), «Fluid movement and creativity», *Journal of Experimental Psychology: General*, vol. 141, págs. 625-629.

Capítulo 7

Miss Islandia, el gánster y el gato: lo que sucede cuando quemas el primer borrador

Imagina que estás en el concurso televisivo *Trato hecho*.

El presentador te dice que elijas: ¿te gustaría el premio que hay detrás de la puerta número 1, de la puerta número 2 o de la puerta número 3? Detrás de dos de las puertas hay un premio ridículo, como, por ejemplo, una cabra, y detrás de una de ellas se encuentra el gran premio: un vehículo nuevo.

Escoges la puerta número 1. Para que todo resulte más interesante, el presentador abre la puerta número 3 y aparece una cabra. Ahora te pregunta si te gustaría cambiar tu elección por la puerta número 2 o quedarte con la primera opción, la puerta número 1.

Nuestro instinto, en este caso y en muchos otros, sería el de reafirmarnos en nuestra primera respuesta. Pensamos que es la mejor. De otro modo no la hubiéramos dado en primer lugar.

Sin embargo, cambiar a la puerta número 2 duplicaría tus probabilidades de ganar.

No parece correcto. ¿No deberían ser nuestras probabilidades por lo menos las mismas? No obstante, nuestras probabilidades no son iguales porque la puerta que se abrió no se escogió al azar. Nunca es la puerta que has elegido y siempre abren una puerta con la cabra detrás.

Esto significa que cuando escogiste una puerta la primera vez tenías un tercio de probabilidades de haber acertado. Si te mantienes en tu respuesta original, tus probabilidades siguen siendo de un tercio, pero si ahora cambias de puerta, tras haberse eliminado una de ellas, que, por otro lado tiene una cabra detrás, incrementas esa probabilidad de ganar a los dos tercios. Tus probabilidades se duplican porque al principio existía una probabilidad de dos tercios de haber elegido una cabra. Como nunca abren la puerta que esconde el automóvil, cambiar ahora tu elección hace que pases de tener unas probabilidades de dos tercios de conseguir una cabra a unas probabilidades de dos tercios de obtener un vehículo.

Nos encontramos con el sesgo de la primera respuesta. Son más rápidas y sencillas, y es intuitivamente agradable pensar que nuestra primera respuesta es la mejor, pero no lo es.

¿Cómo desplazamos los problemas fuera del centro de nuestros pensamientos? El primer paso consiste en ir más allá de nuestro primer borrador.

Ir más allá del primer borrador te permite dejar el problema a un lado. Si vas más allá del primer borrador encontrarás la respuesta. El primer borrador del guion de *Tiburón* era algo obvio. Consigue un tiburón gigante. Haz que se coma a la gente. Fue el segundo guion (aquel en el que Spielberg decidió hacer una película sobre un tiburón sin él) el que no procedió del gran número de primeras ideas disponibles, y eso hizo que el filme se convirtiese en un clásico.

La mayoría de la gente cree que su trabajo puede ser a veces un tanto repetitivo. Pero imagínate llegar a la misma hora cada día para pronunciar las mismas palabras una y otra vez y escuchar las mismas respuestas.

Ésa ha sido la jornada laboral de Catherine Russell desde que Ronald Reagan era presidente, ya que ha interpretado el mismo papel en la misma obra teatral desde hace más de veinticinco años. La obra vuela tan bajo, por debajo del alcance del radar, que muchos aficionados al teatro creen que su existencia es una leyenda urbana, según el periódico *New York Times*, que reconoce en gran medida el mérito de Russell (que también trabaja como gerente general de la compañía teatral) por su longevidad. Con ocho pases semanales, y tras no haber pedido nunca la baja por enfermedad ni haberse tomado unas vacaciones, Catherine Russell ha aparecido en *Perfect crime* (*Crimen perfecto*) más de diez mil veces. Durante una huelga de transportes en la ciudad de Nueva York, condujo por la ciudad recogiendo a los actores y a los miembros del equipo. Con las tormentas de nieve y los huracanes ha hallado la forma de llegar al teatro. Después de todo, el espectáculo debe continuar. La suplente de Russell seguramente tiene el trabajo menos satisfactorio en la historia del mundo del espectáculo.

De hecho, Russell ha hecho un poco de historia durante su trabajo, que incluye haber sido reconocida de manera oficial por *El libro Guinness de los récords* por haber aparecido en la misma obra teatral más de lo que nunca nadie lo haya hecho. Se ha ganado el apodo de «la Cal Ripken de las producciones teatrales que no se representan en Broadway», e incluso ha tenido la oportunidad de conocer al mismísimo Cal Ripken (un jugador de béisbol que ostenta el récord del mayor número de partidos consecutivos jugados). Consigue cierto consuelo pensando que su récord nunca será batido: imagina que no habrá nadie tan loco como para intentarlo.

Si alguna vez ha habido una persona tentada a apañárselas con el pensamiento propio de un primer borrador, esa es Catherine Russell. Ni siquiera ha tenido que aprenderse un nuevo diálogo en más de veinte años, ya que el dramaturgo dejó de tocar su obra y de reescribir los diálogos sobre la marcha en los primeros años de su racha de representaciones. Sin embargo, se reta a aportar algo nuevo a cada representación, ya que su papel se reinventa constantemente.

Perfect Crime es una historia policiaca centrada en Margaret, el personaje de Russell, que es una psiquiatra que podría haber asesinado a su marido. Hacia el final de la obra, Margaret es interrogada por un detective de la policía que espera poder conseguir una confesión. Deseosa por interrumpir el flujo de la conversación, Margaret le suelta un «Te quiero» al detective. El diálogo podría considerarse humor, depravación o incluso un aspecto importante de la trama. ¿Debería la audiencia reír, gemir o estar pendiente de la respuesta del detective? Russell ha estudiado las tres posibilidades. De hecho, afirma: «Hay cientos de formas de decir "Te quiero", y las he probado todas».

Al principio, se acordó que la obra se representaría durante un mes. La producción tuvo un buen mes y la racha de representaciones se prorrogó. Algunos meses más tarde, se comprometieron a que la obra se representara durante un año. Veinticinco años más tarde, es la obra que ha estado en escena durante más tiempo en la historia del teatro de Nueva York.

Por mucho que se deshaga del primer borrador cuando actúa, en su papel tras los escenarios, Catherine Russell descartó todos sus impulsos iniciales. Durante sus primeros diecisiete años, el espectáculo se había trasladado a distintos escenarios a medida que los arrendamientos iban expirando y se firmaban contratos de alquiler con otros teatros. En 2005 parecía que la obra iba a tener que echar el telón. La compañía necesitaba un nuevo teatro y no había nada disponible que encajara con el presupuesto y las necesidades del espectáculo. Mirar de frente al problema habría significado el fin de la obra, y para el papel de Catherine Russell, el de ella.

Con la esperanza de que siguiera funcionando una cosa buena, Russell se hizo cargo. Al comprender que no había «teatros» disponibles, amplió la búsqueda. ¿Había un espacio disponible que pudieran convertir en teatro? Encontró uno que en su día había sido una escuela de estética que estaba en bancarrota. Organizó a una compañía de teatro para que convirtiera la escuela de estética en dos teatros y un espacio para ensayos aparte.

Siguiendo con el tema de su longevidad, en el otro teatro, Russell está dirigiendo una nueva producción de *The Fantasticks*. La versión original se representó durante cuarenta y dos años y tiene el récord del musical escenificado durante más tiempo consecutivo de entre los que no se representan en Broadway.

Mientras tanto, el espacio para ensayos ha sido utilizado por un gran número de estrellas del mundo de la actuación, como Al Pacino.

Como gerente general de la compañía de teatro, Catherine hace más que simplemente protagonizar la obra de teatro cada noche. Supervisa la venta de entradas y está pendiente del presupuesto de la compañía, e incluso ha tenido que reparar un aseo que goteaba en el lavabo de mujeres. La mayoría de las noches resuelve los problemas hasta las 19:50 horas. Luego tiene diez minutos para meterse en el papel.

Para tener el aforo siempre lleno, amplia constantemente la forma en que la compañía vende entradas, usando ofertas en días concretos, los medios sociales y pactos con escuelas, entre otras cosas. Se enorgullece del hecho de que los precios más o menos bajos de las entradas para su obra significa que mucha gente que asiste a la función por primera vez cruza la puerta de su teatro.

Para Russell, *Perfect crime* le ha proporcionado una carrera, y ha sido una carrera que ha consistido en quemar el primer borrador. ¿El primer borrador de quien permanecería en una obra año tras año? ¿El primer borrador de quien seguiría redefiniendo el papel que interpretaba y luego lo volvería a redefinir? ¿La primera respuesta de quien, al saber que no había teatros disponibles, tuvo que crear uno propio? De hecho, ha sido una vida de segundos borradores, incluso aunque haya estado leyendo siempre la misma página.

Al final, existe una alegría por el trabajo y un sorprendente grado de variación por parte de Catherine Russell. Cada vez que se levanta el telón, ella ha visto mucho más allá de los problemas que tiene enfrente y ha encontrado el deleite. Tal y como les dice a los estudiantes de interpretación, amar tu trabajo es un triunfo que no debe subestimarse. «Les digo: "Cuando toméis el metro por la mañana, mirad a vuestro alrededor y fijaos en quién parece feliz por ir al trabajo. ¿Cuántos parecen felices?". Me contestan: "No tantos".

Les digo: "Si queréis ser felices tenéis que encontrar un trabajo que os encante hacer"».

Un buen artículo en una revista es como encontrarse a un conocido por casualidad en un avión. Durante un breve momento está en el centro de tus pensamientos, pero luego se va disipando por completo.

Entre los aspectos destacables de «Frank Sinatra tiene un resfriado», el perfil de Frank Sinatra realizado por Gay Talese en la revista *Esquire* en 1966, es que a día de hoy sigue siendo recordado, comentado e incluso admirado. La historia, con escenas, diálogo, acción y descripciones gráficas, sirvió de señal alta y clara para aquellos que creían que la no ficción podía ser tan rica y fascinante como la ficción. Sigue siendo uno de los pilares del movimiento del Nuevo Periodismo.

Además de todo eso, se sigue leyendo porque es, sencillamente, interesante. Con Sinatra esquivando las peticiones de Talese para hacerle una entrevista, éste capta al hombre dando vueltas alrededor de su órbita. Tras su lectura, sientes de verdad que has conseguido ver el mundo de Sinatra, incluidos aquellos que entran y salen de él en un destello.

Harlan Ellison era uno de esos destellos.

Ellison estaba de pie en una esquina del fondo de un club mirando cómo algunas personas jugaban al billar.

Sinatra estaba allí esa noche, sentado en el bar rodeado de su equipo de aduladores y parásitos. Sinatra se fijó en las botas de Ellison, y no le gustaron.

Al cruzar la estancia, Sinatra empieza a hablar con Ellison sobre las botas. Le dice de manera clara: «No me gusta la forma en que vas vestido».

Entonces le pregunta a Ellison con qué se gana la vida. Ellison le explica a Sinatra que es fontanero. Otro hombre que hay en el club le dice a Sinatra que Ellison ha escrito un guion. Sinatra lo desprecia con desdén, pensando que se trata de una película horrible. Ellison afirma que todavía no se ha proyectado en los cines.

No fue más que una simple distracción para Sinatra, que, tal y como indicaba el título del artículo, estaba combatiendo un resfriado de forma adusta. Talese lo describe con habilidad como un momento que Sinatra tal vez olvidara al cabo de unos tres minutos, pero que Harlan Ellison recordaría durante el resto de su vida. Pero para los lectores, Talese transmite la intensidad de este momento ridículamente diminuto y hace que cobre vida.

Al igual que el récord de representaciones de Catherine Russell, el primer gran triunfo del perfil de Sinatra es, sencillamente, que existe. Tras dar a Talese una respuesta evasiva, el agente de prensa de Sinatra acabó por rechazar organizar una entrevista para Talese. Cualquier otro hubiera quedado bloqueado ante la idea de redactar un perfil de Sinatra sin él. El propio Talese pensó al principio que sin una entrevista no tendría un perfil. Pero al pensarlo de nuevo, se preguntó si podría encontrar algo más profundo y más interesante sin las citas estándar de las entrevistas a las celebridades.

Aunque nunca consiguió hablar con Sinatra, Talese sí que habló con Harlan Ellison y algunos amigos y conocidos del cantante. Más que eso, observó. Se empapó de la atmósfera que rodeaba a un hombre que fue una de las estrellas más grandes del mundo, pero que a punto de cumplir cincuenta años estaba enfrentándose a una nueva realidad. Ni él ni ningún cantante de su época sería nunca más el centro del universo musical. Ese lugar había sido ocupado por Bob Dylan, los Beatles y el resto de nuevos cantautores que estaban dominando la industria musical. Sin ser todavía suficientemente mayor como para ser una fuente de nostalgia ni demasiado joven como para reclamar un nuevo derecho al éxito, Sinatra estaba, en aquel momento, estancado. Y Talese transmitió esa sensación a la perfección en discusiones sobre botas y otros pequeños momentos.

Talese atribuye la profundidad y la perspectiva de su escrito a un proceso diseñado para eliminar el pensamiento propio de un primer borrador fuera de su trabajo. Las elaboradas etapas por las que pasa le ofrecen una ronda y otra, y otra más de oportunidades para volver a imaginar sus escritos y anular los fáciles impulsos iniciales.

Empieza con notas elaboradas. Aunque parezca mentira, para tomar notas usa los trozos de cartón que introducen en sus camisas en las tintorerías. A partir de ese material, empieza a escribir a mano en blocs de notas amarillos. Y a partir de ellos, teclea su trabajo con una máquina de escribir.

En cada fase refina, remodela y reelabora su trabajo.

Cuando tiene un primer borrador, difícilmente lo considera un producto acabado o casi acabado. De hecho, toma sus folios y los clava en la pared con una chincheta. ¿Por qué? Está tan comprometido con no asumir que el primer borrador debería prevalecer, que quiere «mirarlo como algo nuevo, como si lo hubiera escrito otra persona».

A veces incluso se ha tomado la molestia de leer sus páginas a cierta distancia (usando unos prismáticos y poniéndose de pie en el otro extremo de la habitación), para maximizar la sensación de verlas como algo nuevo.

Incluso cuando lee sus páginas en un escritorio frente a él, le gusta imprimir dos copias. Una de ellas tiene un tamaño normal, y reduce la segunda haciendo que sea una tercera parte más pequeña. Le gusta el efecto de sentirse como si estuviera leyendo dos versiones distintas y haciendo una lectura independiente de cada una de ellas. «Me ayuda a obtener una perspectiva distinta», explicaba Talese.

Para él, un primer borrador de una historia no es más que otro conjunto de notas. No está ni siquiera cerca de estar acabado. No es más que un paso.

«Escribo y reescribo, y reescribo y escribo», decía. Y al eliminar el pensamiento del primer borrador y clavar el primer borrador en la pared con una chincheta para obtener una visión escéptica, Talese transformó una entrevista olvidable con Sinatra en una pieza inolvidable que ayudó a asentar un nuevo patrón de lo que podría ser la narración de no ficción.

A continuación, una pregunta que no te hacen cada día. Imagina un planeta lejano. Es muy diferente a la Tierra. Pero, ¿qué aspecto tienen los seres allí? Piensa en uno.

Tómate un momento. Imagínatelo. Toma algo con lo que puedas escribir. Dibuja uno de estos seres. Justo en los márgenes. Dibújalo ahora.

De acuerdo. Deja el lápiz.

Tenemos una noción muy romántica de la imaginación. Pensamos que es tanto notablemente compleja como única. No podemos predecirla, moldearla, contenerla. La imaginación es nuestro propio laboratorio de posibilidades infinitas, o así lo esperamos.

Pero echa un vistazo a tu criatura. ¿Le has puesto ojos? ¿Cuántos? ¿Dos? ¿Usa esos ojos para ver? ¿Dónde has colocado los ojos? ¿Están por encima de la boca o por debajo? ¿Están ubicados de forma simétrica o son muy desiguales?

Lo más probable es que pusieras a tu alienígena del espacio ojos que funcionan y que se parecen a los ojos de los humanos, los mamíferos y otros animales familiares. Eso es lo que hicieron los participantes en el experimento que llevó a cabo el psicólogo Thomas Ward.[1] Les pidió que imaginaran seres de espacio de cualquier forma, aspecto o función que quisieran, y crearon unos seres tradicionales como los terrestres, con formas, aspectos y funciones que resultaban familiares.

Los participantes en el estudio de Ward no esbozaron seres con ruedas en vez de pies ni bocas en sus piernas. Sus seres por lo general tenían piernas, pero sólo las usaban para andar. Un 89 % de las personas imaginó un ser del espacio que no tenía más de una diferencia importante con respecto a los seres de la Tierra.

Ward advirtió que, a pesar de nuestra capacidad para acceder a una imaginación virtualmente infinita, nuestro primer intento con

---

1. WARD, T. (1994), «Structured imagination: the role of category structure in exemplar generation», *Cognitive Psychology*, vol. 27, págs. 1-40.

una tarea que requiere imaginación es un producto que aprovecha categorías preestablecidas. De forma muy parecida a como sabemos, como ordenar pilas de libros o bloques en categorías y subcategorías, aprovechamos las categorías existentes como nuestro primer paso a la hora de usar nuestra imaginación. Incluso cuando la tarea es pensar en un tipo de ser que no existe.

El efecto de la categoría es tan intenso que cuando Ward llevó a cabo un segundo experimento (sugiriendo esta vez una categoría a los sujetos de su estudio), los resultados hacían entrever que los participantes carecían de imaginación. En ese segundo estudio, Ward volvió a pedir a los participantes que imaginaran un planeta lejano y a un ser que viviera allí. Esta vez dijo a los sujetos que el ser espacial tenía plumas. Las criaturas extraterrestres que la gente dibujó tenían alas y picos, pero no orejas, porque la palabra *plumas* anunció la categoría *aves*, y los participantes no fueron más allá a la hora de pensar en la pregunta.

Había una gran oportunidad para un acto desenfrenado de imaginación: la mente del sujeto en un planeta lejano con quién sabe qué tipo de atmósfera y otras condiciones. Ante ellos un folio en blanco y la libertad total de idear algo único. Y con sólo la simple pista de una categoría, todos acabamos imaginando un planeta lejano habitado por patos gigantes.

Mientras Ward observaba cómo los participantes sucumbían a este impulso de la categorización, se preguntaba qué sucedería si se empujaba a la gente más allá de su primera categoría.

En su tercer experimento, Ward proporcionó cierto trasfondo sobre su planeta lejano. El planeta, decía, estaba casi completamente cubierto de lava fundida. Entre los vastos océanos de lava sólo había algunas islas de tierra firme e inhabitable. Para sobrevivir, los seres del planeta necesitaban disponer de la capacidad de viajar de una isla a otra en busca de alimento.

A todo esto añadió un detalle más: le dijo a un grupo que los seres de este planeta tenían plumas, y al otro que los seres de este planeta tenían pelo.

El grupo de las plumas (dado un terreno que requiere la capacidad de vuelo y de un ser con alas) dibujó una serie de aves con un aspecto vulgar.

Pero el instinto del grupo del pelo de ubicar inmediatamente esta tarea creativa dentro de una categorización sencilla se vio desbaratado. En efecto, se les pidió que pensaran en algo parecido a un ave, pero que no fuera un ave, y el resultado fue espectacular.

En lugar de copiar algo conocido, la gente de este grupo creó seres que eran por completo únicos. El impulso de que cualquier ser con una característica propia de las aves debía tener todos los rasgos propios de las aves había desaparecido, y por tanto, la necesidad de volar no implicó la obligación de un pico o de no tener unas orejas visibles.

Puestos en fila los unos al lado de los otros, las obras del grupo de las plumas se pueden reconocer al instante como algún tipo de variación de un ave común que era posible ver en el jardín trasero, mientras que los dibujos del grupo del pelo no se parecen a nada que se haya visto antes.

Las cifras muestran la enorme diferencia que supuso este hecho. En el grupo de las plumas, pese a que estaban imaginando a estas criaturas parecidas a aves viviendo en un planeta de lava derretida, sólo el 30 % de los sujetos proporcionó a su ser un rasgo nuevo y no terrestre para que les ayudara a medrar en ese entorno. En el grupo del pelo, no sólo estaban mezclando características de un modo que no se encuentra en la Tierra, sino que el 57 % proporcionó a su criatura una capacidad de adaptación que no se halla en nuestro planeta.

El grupo del pelo tuvo que superar el impulso de su primer borrador de basarse en lo que ya sabía. El simple hecho de dibujar un ave no servía, ya que las aves no encajan en la categoría de pelo. Superar ese primer borrador duplicó la medida básica de creatividad y eliminó la categorización reflexiva que dictaba los términos del trabajo del grupo de las plumas.

Tal y como ilustran los resultados de Ward, nuestro primer borrador emplea nuestra primera categoría disponible. Con independencia del problema que estemos intentando resolver, nuestra respuesta se limita a las cosas que ya conocemos y que vienen a nuestra mente con facilidad. Lejos de que sean imposibles de predecir, moldear o contener, las ideas propias de un primer borrador son un reflejo no menos singular para ti que el impulso de estirar la pierna si te dan un golpecito justo debajo de la rodilla.

Estos primeros impulsos evitan que juntemos combinaciones únicas de conocimientos o que accedamos a ideas verdaderamente originales. En su lugar, nuestro primer borrador es producto de una imaginación estructurada. Los primeros borradores tratan a los desafíos de la imaginación como un problema de matemáticas: trabajamos a partir de información existente, e intentamos sumarla.

¿Podían los participantes en el experimento de Ward haber ideado unos extraterrestres más creativos? Para Ward resulta obvio: «La respuesta es "sí". Los sujetos podían haber decidido dibujar sus creaciones basándose en cualquiera entre una variedad infinita de formas visuales, incluidos nubes, rocas, dunas de arena, platos de espaguetis o cualquier otra cosa que hubieran visto recientemente». Pero no lo hacían si se detenían en su primer borrador.

Ward lo llama «el camino de la menor resistencia y la tiranía de lo particular». La respuesta más rápida y sencilla será algo que ya sabes y que te viene a la mente de inmediato y ésta no añadirá nada nuevo.

Existe una mejor forma: «Experimentar dificultades al desarrollar un producto satisfactorio a partir de un modelo conocido puede incrementar la probabilidad de obtener resultados creativos», apunta Ward. Con palabras sencillas: si estás dispuesto a deshacerte de tu primer borrador, crearás uno mejor: uno que es mucho más innovador y útil.

Hace cien años, los amos del universo compraron compañías de ferrocarriles estadounidenses. «Era una institución, una imagen del hombre, una tradición, un código de honor, una fuente de poesía», escribió Jacques Barzun, pero más que eso, los magnates de Wall Street y los europeos se sintieron atraídos hacia esta industria por la promesa de la riqueza eterna.

Cincuenta años después, el negocio no era ni eterno ni rentable. Las compañías de ferrocarriles destacadas (la New York Central y la Pennsylvania Railroad) se esfumaron bajo muchísimas deudas. Otras buscaron con desesperación fusiones, rescates económicos o algún tipo de cuerda salvavidas.

En 1960, cuando la revista *Harvard Business Review* trató el tema de la caída de las poderosas compañías de ferrocarriles estadounidenses, dijo que la causa fue la miopía: es decir, la cortedad de miras, la falta de imaginación, la ausencia de previsión. En otras palabras: el pensamiento propio del primer borrador.

La cuestión era que las compañías de ferrocarriles se definían con su producto. Tenían los trenes, los vagones y las vías. Estaban en el negocio de las líneas férreas, y ése siempre había sido un gran negocio. Pero un cliente que necesite trasladar una carga no tiene una necesidad inherente de trenes. El desarrollo de los aviones y los camiones dio a los transportistas una variedad de opciones más flexibles, y las aprovecharon. En el proceso, los transportes por ferrocarril decayeron, a pesar de que la economía estadounidense era floreciente y que existía un aumento espectacular de la cantidad total de bienes transportados.

La revista *Harvard Business Review* describe a los magnates del ferrocarril de principios del siglo xx como «imperturbablemente confiados». Si les hubieras dicho entonces que en sesenta años estarían «vencidos, arruinados y suplicando ayudas gubernamentales», habrían pensado que estabas completamente loco: no era posible. «Ni siquiera era objeto de discusión ni una pregunta que se pudiera formular. [...] el mero hecho de pensar eso era descabellado». Por supuesto, también habrían creído que el avión a reacción era una propuesta insensata. Lo mires por donde lo mires, muchas cosas en principio descabelladas acaban convirtiéndose en realidad.

A las compañías de ferrocarriles les encantó su primer borrador. Estas empresas habían construido algo grande, y pretendían conservarlo justo de la misma forma en que lo habían imaginado por primera vez. Pero tal y como advirtió la revista *Harvard Business Review*, a no ser que trasladaran el foco de atención de su producto a sus clientes, no iban a transportar nada en absoluto.

Cincuenta años después de que la revista *Harvard Business Review* diera la extremaunción a la industria de los ferrocarriles, el gurú de las inversiones Warren Buffett hizo la mayor compra de su carrera. Fue lo que llamó «apostar el resto». Y aquello a lo que apostó el resto fue a una compañía de ferrocarriles estadounidense.

Fue un giro sorprendente para un inversor que era conocido por hacer grandes apuestas por las compañías mejor dirigidas. Algunos escépticos se preguntaron si Buffett, que se sabía que jugaba con trenes de pequeño, había acabado por equivocarse y había permitido que el sentimentalismo, en lugar de las cifras puras y duras, orientara la toma de su decisión. ¿Acaso no había cien años de razones para no comprar compañías de ferrocarriles?

Al anunciar su adquisición de la compañía ferroviaria Burlington Northern Santa Fe Corporation, Buffett afirmó que se trataba del tipo de empresa que estaría ahí durante «doscientos años». Disfrutaba claramente del hecho de que otros hubieran pasado por alto esta oportunidad porque no sabían qué estaba sucediendo en la industria del ferrocarril actual.

Las compañías ferroviarias estadounidenses, que ya no estaban unidas con la esperanza de detener el paso del tiempo, en esos momentos actuaban como compañías propias del siglo xxi. Los ferrocarriles se habían, final y definitivamente, desprendido del primer borrador.

En lugar de asumir el valor del ferrocarril, las compañías empezaron a integrarlo para satisfacer mejor las necesidades de sus clientes. En vez de ignorar a otros medios de transporte, las líneas férreas lideraron el camino del transporte combinado, en el que los productos se pueden transferir de forma perfecta desde aviones, trenes, barcos y camiones en una instalación. Hoy en día, un contenedor de carga portátil puede cargarse sobre un vagón y transportarse hasta sólo unos kilómetros de su destino antes de ser cargado en el remolque de un camión para su entrega al cliente final.

Las compañías ferroviarias también invirtieron en mejores locomotoras y diseños más eficientes, incluidos los vagones con estiba a dos alturas. El resultado es que hoy en día, el ferrocarril es el líder indiscutido del transporte de mercancías con el menor coste de combustible. En términos de volumen, un tren puede desplazar la misma cantidad de carga que doscientos ochenta camiones.

Buffett se abalanzó sobre la presa porque advirtió que las nuevas compañías de ferrocarriles estadounidenses habían averiguado cómo servir a sus clientes. Al igual que dibujar extraterrestres realmente originales tras las indicaciones adecuadas, las líneas férreas se habían acabado desprendiendo de las viejas categorías, abrieron su mente y avanzaron hacia el segundo borrador. Desde las profundidades de una cuota de mercado del 30 % medio siglo antes, hoy en día los ferrocarriles transportan más de la mitad de todas las cargas de Estados Unidos.

«Estará entre nosotros –decía Buffett sin reservas–. Un buen ferrocarril estará entre nosotros mientras exista una economía estadounidense». Es decir, mientras sigan viendo más allá del primer borrador.

America's most wanted (*Los más buscados de Estados Unidos*, un programa televisivo) retransmitió dieciséis bloques informativos centrados en él. El FBI disponía de un cuerpo especial cuya misión consistía enteramente en encontrarlo. Los funcionarios estiman que se trató de la cacería humana más cara de toda la historia de la seguridad pública estadounidense. Y aun así, durante dieciocho años, el jefe de la mafia y asesino convicto James «Whitey» Bulger evitó que lo capturaran. Sin embargo, Bulger, que no era un gánster ordinario y que trabajaba en una industria no precisamente conocida por su buena conducta, destacó por ser despiadado y falso.

Charlie Gasko tenía poco en común con cualquier infame miembro del mundo del crimen. Lejos de ir tirando su dinero, parecía que apenas tenía lo suficiente para vivir. Su ropa era sencilla. No tenía ningún vehículo ni nada de valor. Sus muebles estaban muy desgastados. Charlie era conocido por ser un inquilino modelo en su complejo de apartamentos. Era un hombre que nunca se quejaba de nada ni de nadie y del que nadie decía nada negativo. Charlie era callado, solitario, siempre estaba presto a acariciar a los animales extraviados, pero por lo demás era común y corriente.

A Charlie le gustaba pasar el tiempo en casa viendo la televisión. Un programa que nunca se perdía era *America's Most Wanted*. Probablemente vio los dieciséis segmentos informativos sobre Whitey Bulger.

A pesar de sus diferencias obvias, Charlie y Whitey tenían una cosa importante en común: eran la misma persona, pero el personaje que Whitey había creado era tan modesto que nadie relacionó a los dos durante los trece años en que vivió en el mismo apartamento del alquiler protegido en Santa Mónica.

El FBI (usando, sin ninguna imaginación, el pensamiento propio de un primer borrador), había rastreado a Bulger buscando a un jefe de la mafia. «Estábamos buscando a un gánster y eso era parte del problema –afirmó Charles Fleming, un detective de la policía de Boston asignado al cuerpo especial del FBI–. Y ya no era un gánster».

Mientras el FBI buscaba al jefe de la mafia como si viviera rodeado de lujo en Europa, la versión Charlie Gasko apenas salía de casa.

Mientras el FBI intentaba seguir el rastro al dinero de Bulger, Charlie Gasko vivía como un jubilado con unos ingresos fijos.

Pero tras la reciente eliminación de Osama Bin Laden, Whitey Bulger se convirtió en el hombre más buscado por el FBI. Motivados por años de frustración y por el nuevo estatus de su objetivo, el FBI acabó cambiando su criterio de búsqueda. Al igual que con las compañías de ferrocarriles, las circunstancias habían acabado por sacar al FBI de su compromiso con el primer borrador y abrieron el camino hacia la respuesta.

En vez de pensar en lugares en los que podría vivir un jefe de la mafia, se centraron en los sitios que pudieran ser agradables para un octogenario. Y en vez de centrarse en Bulger (que no era fácil de reconocer en la calle, tal y como años de experiencia y dieciséis perfiles en *America's Most Wanted* habían demostrado) se centraron en Catherine Greig, la compañera de Bulger. Greig era más de veinte años más joven que Bulger, y el FBI pensó que, en ese momento podía dejar una impresión más inconfundible y fácil de recordar en la gente.

Mientras Greig fue el foco de atención, el FBI creó un nuevo anuncio de televisión en el que solicitaba ayuda a la ciudadanía. Lo retransmitió en anuncios que se emitieron en localidades de California y en otros lugares.

El anuncio se emitió por primera vez un lunes. La CNN (una importante cadena televisiva) elaboró una historia sobre los anuncios más tarde ese mismo día. Esta historia de la CNN la vio en Reykjavik (Islandia) una antigua Miss Islandia a la que le gustaba pasar los inviernos en Santa Mónica (California).

Reconoció a Catherine Greig al instante porque había visto con regularidad a Greig y Bulger alimentando a un gato extraviado en una esquina cercana a su casa y a veces se había detenido a hablar con ellos.

El martes, el FBI recibió una llamada de Islandia.

El miércoles, con el dispositivo de vigilancia dispuesto, el FBI confirmó que había localizado a Bulger y Greig. Engañaron a Bulger para que bajara al sótano del edificio de apartamentos y lo arrestaron sin incidentes. Entonces, Greig se entregó.

Así acabó la vida a la fuga de uno de los criminales más notables de Estados Unidos. Al final lo delataron no la violencia ni un estilo de vida ostentoso, sino los hábitos mundanos de un anciano corriente al que le gustaba acariciar a los gatos abandonados. ¿Cómo capturó el FBI al gánster Whitey Bulger? Finalmente, dejaron de centrarse en el problema del gánster desaparecido y empezaron a buscar a un anciano.

La lección

El primer borrador es la respuesta más obvia ante el problema que tenemos entre manos. Es la mejor forma de definir la situación en los términos del problema.

En el primer borrador, las líneas férreas no necesitaban pensar en los clientes, el FBI buscaba a un gánster en lugares propios de gánsteres, Catherine Russell renunciaba a la obra que le proporcionó una carrera, y Gay Talese suspendía su perfil de Frank Sinatra porque el artista no quería hablar con él.

Pero cuando vas más allá del primer borrador, puedes ver más allá del problema. Las líneas férreas redefinieron su negocio y volvieron a convertirse en el objeto de deseo de los magnates. El FBI redefinió su búsqueda y capturó a su hombre. Catherine Russell redefinió su papel y creó, literalmente, su propio escenario. Y Gay Talese redefinió el olvidable perfil de una celebridad y dejó un legado a partir del hecho de que Sinatra no quisiera hablar con él.

Los primeros borradores carecen de creatividad y se basan en las limitadas categorías proporcionadas por nuestro problema. Son la primera cosa que podemos captar. Tal y como advirtió Thomas Ward, **somos el doble de creativos cuando el primer impulso no funciona**.

Un primer borrador es una lupa: es útil para mirar de cerca lo que está justo delante de ti. Sigue yendo más allá del primer borrador y encontrarás un telescopio, que es algo que te ayudará a ver más allá de lo que está más cerca y es más fácil de captar y te permitirá ver lo que nunca antes habías visto.

DOS CONSEJOS:
TRABAJAR EN EL SEGUNDO BORRADOR

Fracasa con alegría. Prueba con algo que probablemente no vaya a funcionar. Inténtalo con algo que, con seguridad, no vaya a funcionar. Queremos tener la razón con tantas ganas que intentamos, de manera desesperada, deshacernos de los fracasos, pero podemos encontrar exploración y descubrimiento en el fracaso. El cofundador del gigante del cine de animación Pixar, Ed Catmull, describe su proceso como «pasar de ser apestosos o no serlo». Lo que hacen se supone que tiene que ser malo al principio, y a partir de lo malo crean la magia. Andrew Stanton, director de éxitos de Pixar como *Buscando a Nemo* y *WALL-E*, afirma que en la filmación de películas «mi estrategia siempre ha sido la de equivocarnos lo más rápido que podamos». Los líderes de Pixar comprenden que hay tanta libertad y posibilidades con el hecho de no tener miedo a fracasar, que fracasar primero hace que, de hecho, sus películas fueran mejores que si nunca hubieran fracasado en absoluto.

Haz algo siguiendo otro orden. Con independencia de cuál sea tu rutina, altérala. Haz cosas siguiendo otro orden. Puede ser algo tan simple como preparar tu bocadillo al revés: hoy pon primero el queso y luego el jamón. Cuando los investigadores lograban que la gente hiciera cosas corrientes en otro orden, obtuvieron un incremento del 18 % en las puntuaciones de flexibilidad cognitiva que mide la capacidad de generar ideas a partir de múltiples conceptos.[2]

---

2. RITTER, S. *et al.* (2012), «Diversifying experiences enhance cognitive flexibility», *Journal of Experimental Social Psychology*, vol. 48, págs. 961-964.

Capítulo 8

El Conocimiento es como un dolor de muelas: el valor de tomar el camino largo

¿Qué sucedería si necesitaras regar unas flores en el otro extremo del jardín? ¿Tomarías la manguera y te dirigirías allí o caminarías antes toda esa distancia para despejar el trayecto de modo que la manguera no se enredara por el camino?

La mayoría de nosotros tomamos la manguera y nos encaminamos al lugar en cuestión. Y siempre se nos enreda en algún sitio. La respuesta que primero nos viene a la mente y la más sencilla no siempre es la mejor solución.

Cuando tenemos un problema queremos una respuesta. La deseamos justo ahora. La queremos a tiempo. Pero la respuesta no va a aparecer mientras estás sentado en tu escritorio invocándola. No se encuentra en la caja con el letrero de «Respuestas». Tu respuesta está en la almohada o en el parque; acudirá mientras estés silbando para matar el tiempo al mismo tiempo que esperas en la fila del restaurante para almorzar. Las mejores respuestas se encuentran cuando abandonas el problema, te concedes tiempo y espacio, cambias tu contexto y le das a tu cerebro la oportunidad de realizar conexiones y ver qué es posible.

Tu mejor respuesta no es una pizza. No te la van a traer a casa en treinta minutos, pero llegará, y cuando llegue será mucho más de lo que imaginaste que eras capaz de hacer e incluso será mejor que la pizza.

¿Qué deberías hacer con el problema que te está mirando fijamente a la cara justo ahora? Levántate, álzate físicamente del lugar en el que estás anclado. Ahora deja el problema a un lado. Piensa en algo distinto, en cualquier otra cosa. Y concédete cierto tiempo. Si puedes alejar la mirada ahora, eso te conducirá a toda una vida de respuestas.

Por el nombre parece el título de un nuevo concurso televisivo de preguntas y respuestas. Pero es más horroroso y dramático que cualquier concurso de preguntas y respuestas y hace que personas adultas se derrumben.

Es el Conocimiento.

Supera la prueba y el premio es una codiciada licencia para conducir un taxi en Londres.

¿Qué es el Conocimiento? Es todo lo que necesita saber un conductor de taxi (y un conductor de taxi tiene que saberlo todo).

Empieza por conocer cada calle en un radio de casi diez kilómetros desde el centro de Londres. Cada calle, cada arteria principal, cada calle lateral, cada tramo de un solo sentido de una calle. Cada calle que se cruza con cada calle y en qué orden. En el centro de Londres hay veintiséis mil calles con las que batallar.

Una cosa más sobre las calles de Londres: no tienen ninguna lógica. No hay una red simétrica de calles de longitudes similares e intersecciones previsibles. Y no hay un conjunto secuencial de nombres. No existe una relación obvia entre las calles, como en el caso de la calle 42 de Manhattan, que está a cuarenta manzanas al sur de la calle 82, y la Quinta Avenida, que se halla a tres manzanas al este de la Octava Avenida. En su lugar, las calles de Londres tienen nombres que se han puesto al azar y que se cruzan las unas con las otras como el contenido de un tarro repleto de espaguetis que se haya dejado caer al suelo.

Y luego tenemos los puntos de referencia. De un taxista se espera que conozca el Big Ben, el palacio de Buckingham y el Puente de

Londres (pero también cada museo, restaurante, hotel y hospital). Todo esto suma más de ciento ochenta y seis mil lugares. Un taxista debe saber en qué calle se encuentran estos puntos de referencia y en qué lado de la calle, y luego calcular la mejor forma de llegar allí desde cualquier punto de la ciudad.

El examen de el Conocimiento tiene lugar en una pequeña oficina, con un único candidato frente a un examinador. El candidato lleva ropa formal, se dirige al examinador llamándole «señor» y no debe retrasarse ni un segundo.

El examinador entra con el aspecto de un policía escéptico que no acaba de creerse tu historia. «Puedes oler si la gente tiene lo que hace falta», decía Alan Price, un examinador veterano.

El examinador procede a abrir su carpeta y determina un punto de inicio y otro de llegada. El aspirante a taxista debe exponer entonces la mejor ruta de forma perfectamente detallada, relatando cada giro y cada punto de referencia a lo largo del camino usando sólo el mapa que ha generado en su cerebro.

Mientras el aspirante suda y lucha por evitar cometer errores, el examinador sigue sentado y con una actitud autoritaria esperando un error, y con un mapa real a su lado.

Todo esto es muy estresante. «Cuando un tipo sale de esta oficina, ni siquiera recuerda su nombre», comentaba Price.

Pese a ello, el proceso todavía no ha acabado. En absoluto. Tras crear rutas con éxito a cuatro destinos elegidos por el examinador, se le dice al aspirante que se retire. Se le explica que debe volver después de tres o cinco semanas y responder a otra serie de preguntas.

El proceso sigue sesión tras sesión, y tras sesión, repartidas a lo largo de bastante más de un año. «El Conocimiento es como un dolor de muelas –admitía Price–. No desaparece».

¿Por qué lleva tanto tiempo acabar el examen?

Aunque se trata de un sistema muy extraño (y, según parece, es una herencia que se remonta a cuatrocientos cincuenta años, en un momento en el que incluso un barón inglés no podía encontrar a alguien que conociese las calles de Londres), es también un sistema extraordinariamente eficaz.

Imagina el destino de un aspirante a taxista que intentara aprenderse todo Londres de una vez. El problema sería agobiante. Cualquiera se rendiría ante esta ingente tarea.

Pero, calle por calle, y día tras día, puede hacerse.

Y ahora hasta podemos ver cómo actúa el cerebro.

Los investigadores de la Facultad Universitaria del Instituto de Neurología de Londres sentían curiosidad por lo que para el cerebro humano supone conducir un taxi londinense y prepararse para el Conocimiento. Los conductores de taxi, entre los que muchos se creían una raza especial y que merecían de verdad la atención de un investigador, hicieron cola de buen grado para que les escanearan el cerebro.

Con la toma de imágenes por resonancia magnética a lo largo de todo el proceso, los investigadores pudieron ver cómo crecía el hipocampo en el cerebro de los taxistas mientras estudiaban para superar el Conocimiento y al mismo tiempo que se iban convirtiendo en unos taxistas más experimentados.

El hipocampo es la parte del cerebro que se ocupa de la orientación. Tiene un mayor tamaño en las aves y los animales que dependen de unas buenas habilidades de orientación para su supervivencia. Mientras estos taxistas generaban su mapa mental de la ciudad, su cerebro creció para conservar esos mapas.

Lo que resulta interesante es que esto no sucede en el caso de los conductores de autobús, que conducen por las mismas calles una y otra vez, por lo que no necesitan disponer de un mapa completo de la ciudad en su mente. No se da en los residentes corrientes de la ciudad que, no obstante, deben saber moverse por la misma. Sólo aparece en los taxistas, que tienen tanto la necesidad de aprender como un mecanismo integrado del ritmo y la distancia.

Londres no podría aprenderse de un día para otro. Cualquier taxista que lo intentara se rendiría de inmediato. Pero el tiempo que transcurre entre los distintos exámenes hace que resulte posible. El tiempo que pasa entre las pruebas hace que el cerebro trabaje en la tarea en lugar de permitir que se vea superado.

Como examinador, Price explicaba: «El Conocimiento es como una jarra grande de agua y tu cerebro es como una taza. Viertes lentamente el agua de la jarra para no perderla. El Conocimiento nunca se detiene».

En la superficie, el Conocimiento es sólo, en realidad, un examen de geografía muy difícil, pero los taxistas suelen considerarlo algo mucho mayor, ya que se aprende mucho más que eso. Se aprende aquello de lo que se es capaz si no se mira de frente al problema.

Linus Pauling no sólo aportaba cosas a la química orgánica, la química inorgánica, la mecánica cuántica, la biología molecular y la medicina: se trataba de la forma en la que veía intersecciones entre estos campos que nadie más veía, y en ese proceso redefinió para siempre lo que conocemos. Sus conocimientos sobre el enlace químico que hace que los átomos produzcan moléculas (esas moléculas que son la base de toda la materia física) fueron un hallazgo fundamental que hizo que fuera galardonado con el premio Nobel en 1954 y que ha moldeado nuestra comprensión de la química y la física durante generaciones.

Al aplicar sus propios hallazgos, Pauling descubrió la base molecular de la enfermedad y marcó el inicio de un avance en el tratamiento de la anemia falciforme y otras enfermedades.

Mientras tanto, ocho años después de haber ganado el premio Nobel de química, le concedieron el premio Nobel de la paz por sus esfuerzos para detener la difusión de las armas nucleares. Pauling sigue siendo la única persona que ha obtenido dos premios Nobel no compartidos y la única persona que ha conseguido el premio Nobel de la paz y un premio Nobel en una categoría científica.

¿Cómo, exactamente, se convierte alguien en un hombre del Renacimiento, en un erudito de nuestros días como Pauling?

Por suerte, a Pauling le encantaba escribir y hablar sobre el proceso de pensar grandes pensamientos y encontrar grandes respuestas. En primer lugar decía que los avances no son tan sólo algo que implica reunir a las mejores mentes y asumir que obtendrán las mejores respuestas. De hecho, decía al público, con toda seriedad, que había por lo menos doscientos mil estadounidenses más inteligentes que él. Sin embargo, era improbable que esas doscientas mil personas fueran a cambiar el mundo de la química o la biología, o que fueran a necesitar hacer espacio en la repisa de la chimenea para los premios Nobel que fueran a ganar.

En segundo lugar, Pauling afirmaba que los grandes avances científicos no se asemejan a construir la Gran Muralla china, añadiendo una pequeña porción a lo que ya estaba ahí el día anterior. En su lugar, los avances científicos llegan en forma de nuevas indicaciones importantes y turbulentas que hacen que parezca que caminamos en círculos antes de hacer un gran avance con un nuevo descubrimiento.

En tercer lugar, y más importante, Pauling creía que trabajar sin pausa en cualquier proyecto limitaba el tipo de conocimientos a los que él podía llegar. De una hora a la siguiente y de un día al siguiente, era probable que siguiera haciendo un trabajo similar y siguiera hallando resultados semejantes. Hacer esto era como estar de pie como un vigilante nocturno, cuidando de tus ideas por temor a que aparezcan otras nuevas. Y ésta es la razón por la cual el consejo de Pauling a cualquiera que intentara hacer algo grande se limitaba a una palabra: déjalo.

Pauling decía que no pensaba mejor en un laboratorio, un aula, la biblioteca ni durante cualquier gran congreso científico: era en la cama. Estaba fuera del trabajo y alejado de los detalles y las complicaciones. En la cama, mientras se iba quedando dormido, liberaba su mente para probar nuevas ideas y buscar nuevas respuestas.

Al trabajar en la intersección de varios campos, Pauling creía que podía combinar ideas y principios de infinitas formas para hallar un descubrimiento. La mayoría de estas combinaciones (casi todas ellas) eran completamente inútiles, pero Pauling creía que su mente, si estaba libre y no sometida a presiones, podía filtrar y clasificar entre esas combinaciones sin su dirección activa, y si algo resultaba interesante, esa idea borbotearía hasta conseguir su atención consciente.

Mientras Pauling ensalzaba la virtud de permitir que la mente haga su trabajo, se apresuraba a decir a sus alumnos o a cualquier persona de su público que el proceso de dejar la mente libre, de permitir que la imaginación se expanda hasta el máximo de su capacidad, era importante para el científico, pero igual de vital «para el que trabaja en cualquier otro campo». Para el poeta, el vendedor o el mecánico de vehículos, una mente libre para rumiar algo seguro que vería más allá de los límites impuestos sobre ella al enfrentarse a un problema directamente.

Para Pauling, era esta libertad para alejarse la que le llevó, una y otra vez, más allá del problema en el que estaba trabajando y hacia la respuesta. Al igual que los taxistas, que necesitaban que su mente tuviera tiempo para crecer, Pauling precisaba dar a su mente el tiempo libre para captar su siguiente gran idea.

Entras en una habitación pequeña y sencilla.

Ves una silla, una mesa y una campana.

Te han dicho que ésta era la «habitación sorpresa», pero hasta ahora no hace honor a su nombre.

Te muestran una caja de juguetes y te dicen que podrás jugar con ellos más tarde, pero, en primer lugar, ¿te gustaría una golosina?

Dices que sí. Por supuesto que sí, porque este experimento tiene lugar cuando tienes cuatro años.

El hombre amable al que conociste en tu aula de preescolar te explica que te va a dejar solo unos minutos, pero que si quieres que vuelva, todo lo que tienes que hacer es hacer sonar la campana y él regresará. Practicas un par de veces. Él sale por la puerta, tú haces sonar la campana y él vuelve. Lo haces una segunda y una tercera vez.

Luego, el hombre busca por debajo de la mesa y toma un plato. Lo coloca sobre la mesa. Hay un malvavisco en él.

El hombre te dice que si puedes quedarte sentado en la silla y no te levantas, y esperas hasta que él vuelva, entonces tendrás dos malvaviscos.

O puedes hacer sonar la campana en cualquier momento que quieras y él volverá de inmediato, pero si lo haces sólo obtendrás un malvavisco.

El hombre te lo explica todo por segunda vez.

Entonces te pregunta si sabes lo que conseguirás si esperas. Te pregunta qué tienes que hacer para que vuelva. Te pregunta cuántos malvaviscos obtendrás si haces sonar la campana.

Respondes a sus preguntas y él te dice que has contestado correctamente. Luego se marcha.

Te deja solo con ese malvavisco.

¿Qué es lo que haces?

Quieres esperar. Dos malvaviscos son mejores que uno. Pero esperar es muy duro. Quieres ese malvavisco ahora. Justo ahora.

Ahí está la campana. Si la haces sonar la espera habrá terminado. Si la haces sonar podrás obtener un malvavisco.

¿Te quedas mirando al malvavisco? ¿Se te hace la boca agua? ¿Estás pensando en lo genial que sería comerse uno? ¿Cuán sabroso será?

¿Lo tocas? ¿Lo empujas? ¿Lo agarras?

No puedes ir a ningún sitio. No puedes hacer nada. Ni siquiera puedes levantarte de la silla.

Puedes intentar pasar el rato: repiquetear con tus zapatos, o jugar un poco con tu cabello. No hay nadie con quien hablar, pero puedes hablar contigo mismo. Quizás puedas cantar un poco.

Pero los minutos pasan lentamente. Sigues en la habitación, solo, con el malvavisco, con la campana. Quieres hacerla sonar. Esperar no es divertido.

La fuerza del malvavisco fue demasiado poderosa para la mayoría de los niños. De hecho, el 70 % de los niños de cuatro años que fueron sometidos a los experimentos de Walter Mischel con malvaviscos renunciaron a esperar y perdieron su oportunidad de conseguir un segundo malvavisco.[1]

Uno de los numerosos patrones sorprendentes que Mischel descubrió en distintas versiones del experimento de los malvaviscos es que la clave para esperar con éxito era ser capaz de dejar el caramelo a un lado.

Quedarse mirando fijamente al malvavisco y ansiar comérselo era una estrategia desastrosa. Por otro lado, cantar la canción que te habían enseñado en el jardín de infancia o simular que eras un vaquero reducía el poder seductor de ese pequeño dulce gomoso.

Mischel advirtió esto en sus observaciones. Los que se rindieron con más rapidez nunca apartaron su foco de atención del malvavisco. Los que aguantaron más «redujeron su frustración durante el período de espera dirigiendo de manera selectiva su atención y sus pensamientos lejos de las recompensas». En otras palabras, no se centraron en el problema.

Puso a prueba esta conclusión haciendo que el investigador diera a otro grupo de niños una instrucción adicional antes de salir de la habitación. A un grupo le proporcionó ideas transformacionales: pensad en ese malvavisco como si fuera una nube o la Luna. Pensad en jugar entre las nubes.

Al otro grupo, la última cosa que el investigador le dijo antes de salir por la puerta fue: pensad en el sabor de los malvaviscos, lo blanditos y pegajosos que son, y lo divertido que es comerlos.

---

1. MISCHEL, W.; SHODA, Y.; RODRIGUEZ, M. (1989), «Delay of gratification in children», *Science*, vol. 244, págs. 933-938.

El niño medio del grupo de las nubes resistió 13,5 minutos sin hacer sonar la campana. El niño medio del grupo pegajoso y dulce aguantó 5,6 minutos.[2]

Los niños del grupo pegajoso y dulce se centraban en el problema, y éste les consumió rápidamente. A los del grupo de las nubes les proporcionaron un camino distinto al de pensar en el problema. Se les dio un respiro del problema, y en el proceso fueron liberados de él.

Ésa es la diferencia entre prestar una atención intensa e incesante a un problema y alejar tus ojos del mismo. Un foco de atención abstracto te permite permanecer paciente y libre, listo para hallar una solución. Un centro de atención incitador y directo hace que el problema sea agobiante e irresoluble.

Para hacerlo bien en la prueba del malvavisco o al tomar cualquier decisión, debemos posponer de manera voluntaria la gratificación inmediata. Siempre es más satisfactorio lanzarse encima de algo que esperar, pero lanzarse sobre algo nos hace vulnerables. No hay una solución a la tentación del malvavisco o al truco del problema cuando nos abalanzamos.

Mischel pensó que había averiguado todo lo que podía de los niños y los malvaviscos, pero entonces halló un patrón que le sorprendió. Al preguntar por los amigos del instituto de sus hijas, llegó a pensar que muchos de esos adolescentes (que una década antes habían estado en la guardería de su localidad en la que había llevado a cabo sus experimentos) podrían ser fácilmente clasificados basándose en lo que habían hecho en el experimento de los malvaviscos. Es decir, aquellos que esperaron para obtener el segundo caramelo parecía que lo estaban haciendo mucho mejor en el instituto.

---

2. Mischel, W.; Baker, N. (1975), «Cognitive appraisals and transformations in delay behavior», *Journal of Personality and Social Psychology*, vol. 31, págs. 254-261.

Un estudio de seguimiento completo confirmó su observación. Los niños que esperaron eran más resistentes, más capaces de manejar el estrés, estaban más seguros de sí mismos y eran mejores haciendo planes y acabando lo que empezaban. Seguían, en pocas palabras, consiguiendo los resultados que querían y continuaban mostrando la paciencia y perseverancia que los guió como niños de preescolar.

Aunque muchas de las mediciones que usó Mischel eran bastante subjetivas, cuando observó las puntuaciones de los exámenes de acceso a la universidad (selectividad) de sus sujetos obtuvo los datos puros y duros que los investigadores ansían. La diferencia entre los niños que, con cortedad de miras, se rindieron y los que esperaron para obtener el segundo malvavisco fue de 210 puntos en estas pruebas. Para ponerlo en perspectiva, ésa es más o menos la diferencia entre ser admitido en la Universidad de Yale (de gran prestigio) y la Universidad de Nueva York en Binghamton (una del montón).

Estos patrones prosiguieron a medida que los niños de preescolar llegaron a la adolescencia y después fueron adultos. Aquellos que esperaron para así recibir un segundo malvavisco vivieron una vida más saludable como adultos, era menos probable que tuvieran antecedentes penales, tenían mayores ingresos y unos mayores sentimientos de su propia valía, y por lo general eran más capaces de enfrentarse a los retos de la vida.[3]

Para los niños de los malvaviscos, y no menos en el caso de Linus Pauling o de los taxistas, un poco de paciencia y la capacidad de mirar para otro lado les hizo ir más allá del problema al que se estaban enfrentando y permitió que su mente trabajara para ellos en lugar de contra ellos.

---

3. AYDUK, O. *et al.* (2000), «Regulating the interpersonal self: Strategic self-regulation for coping with rejection sensitivity», *Journal of Personality and Social Psychology*, vol. 79, págs. 776-792.

Vanessa Selbst es la mujer jugadora de póquer de más éxito en la historia de este juego y se encuentra entre los jugadores más importantes y respetados con independencia de su sexo. Cuando Rafael Nadal, un grande del tenis y aficionado al póquer, quiso enfrentarse a un jugador de póquer de máximo nivel, lo hizo contra Selbst. Y ella le venció. Con facilidad.

Se alzó hasta la cumbre de este juego con su buena cabeza para los números y una audacia que la han convertido en una maestra a la hora de deslizar todas sus fichas hacia el centro de la mesa y apostarse su vida en los torneos. Es una apuesta que le gusta hacer incluso cuando lleva una mala mano.

Selbst desarrolló tanto su pasión por el juego como su enfoque mientras era estudiante universitaria. De repente hubo una avalancha de póquer en el canal televisivo ESPN, entre otros. Y quedó enganchada.

Selbst se sintió cautivada por el hecho de que los jugadores salieran de la nada y ganaran torneos importantes (y millones de dólares).

Y quedó fascinada por la perspectiva del juego que podía obtener mirando. Por televisión, Selbst podía ver las cartas de todos, mientras que cada jugador sólo sabía cuáles eran las suyas propias. Esto le proporcionó cierta ventaja para saber cómo piensan los jugadores de manera individual y de forma colectiva. No había ninguna otra competición que hubiera visto antes en la que el espectador pudiera saber más que el competidor sobre lo que estaba sucediendo, y en la que el espectador pudiera entrenarse de forma eficaz para vencer al jugador simplemente mirando.

Había, por supuesto, incontables manos en las que no sucedía nada. Un jugador tenía buenas cartas y hacía una apuesta importante. Los otros tenían malas cartas y pasaban con rapidez. Lo importante era lo que pasaba cuando un jugador con malas cartas intentaba cambiar el guion. Vio a un jugador pasar de prácticamente estar eliminado a ser el líder en la mesa de juego por su fortaleza a la hora de apostar el resto con unas cartas horribles. Veía cómo sus rivales (allí sentados, con mejores cartas y con más fichas) se achicaban ente él. Ellos huyeron acobardados y él se quedó con el bote. Tras usar este truco tres veces, se llevó todas las fichas y aumentó su confianza, y al poco tiempo ganó.

A Selbst le encantaba que el póquer se jugara combinando las matemáticas y la psicología. Era necesario saber las probabilidades en cada situación. Cuáles eran las probabilidades de obtener un as, un trébol o una carta par. Pero además de todo eso, era necesario comprender el comportamiento humano. Si puedes averiguar cómo reaccionarán los demás ante lo que haces, puedes dominar en un juego en el que es posible simular que llevas cualquier mano.

Más que la mano que lleves, el póquer se juega con las cartas que los demás creen que tienes. Para Selbst, esto significaba que la única forma de ganar al póquer era ser agresivo. «El jugador agresivo define la mano –decía–. Todos los demás reaccionan y, por tanto, son vulnerables».

Reaccionar te hace vulnerable, no sólo porque permite que la mano se desarrolle en los términos del jugador agresivo, sino también le posibilita imaginar mejor qué cartas es más probable que tenga su oponente.

Incluso cuando Selbst se encuentra con un rival agresivo, se reafirma. Cuando alguien apuesta retándola (una jugada agresiva), a ella le encanta subir muchísimo la apuesta. «Esto hace que la gente juegue de cierta forma contra mí. No quiere volver a aumentar la apuesta contra mí porque no tiene ni idea de qué cartas llevo –comentaba–. Ésa es una situación terrible en la que encontrarse, y eso es justo lo que quiero que sientan».

Mientras pulía su estrategia, Selbst siguió llevando a cabo un estudio incansable de la competición e incluso de sí misma. Se dio cuenta de que en el fragor de la batalla, los jugadores hacen la suposición estándar de que los demás tenderán a reaccionar de la misma forma en que lo hacen ellos. Selbst también observó esto en ella misma.

«Uno de mis puntos débiles es pensar que los demás jugadores están tan locos como yo –decía–. Lo que significa que en una situación en la que el 95 % de los jugadores tendría un par de ases, pero en la que *yo* estaría probablemente marcándome un farol, mi primer pensamiento es que el otro tipo se está marcado un farol porque eso es justo lo que yo haría».

Selbst se ha entrenado a sí misma para superar esta reacción reflexiva tomándose una ligera pausa cuando está intentando conocer a otro jugador. Se imagina levantándose de su asiento y viendo las cosas desde el asiento del otro jugador. Es la paciencia de tomarse esa pausa y de apartar la mirada de sus cartas (reprimir su propio impulso y ver algo más) lo que marca la diferencia entre un jugador corriente y uno extraordinario. «No puedes jugar como si lo estuvieras haciendo contra ti mismo –afirmaba–. Intenta verlo como lo ve otra persona, y no como lo haces tú. Otras personas son muy malas haciendo esto, lo que supone una gran ventaja para mí».

«No era exactamente la idea que tiene nadie sobre lo que es una infancia feliz y saludable», admite Will sin reparos.

Will y su hermana Kim soportaron a una madre airada y agresiva y a un padre distante que estaba fuera de casa la mayor parte del tiempo y fuera de la vista el resto.

«En realidad no importaba lo que hicieras –comentaba Will–. Sea como fuere ella iba a estar a la greña. Si traías a casa unas buenas notas del colegio, empezaba de inmediato diciendo: "¿Así que te crees que eres mejor que yo, eh?". Pero si traías unas malas notas te increpaba: "Siempre he dicho que eras un maldito vago. Nunca serás nada en la vida"».

Cuando Will y Kim eran muy pequeños se sentían heridos y confundidos por las terribles críticas y la falta total de afecto físico. A medida que se fueron haciendo mayores, intentaron evitar las atenciones de su madre y simplemente esperaban resistir la vida en su hogar hasta el día en que pudieran marcharse de casa.

La vergüenza por la forma en que vivían hizo que Will guardara las distancias con sus compañeros de la escuela. «Nunca quise que nadie viniera a casa porque no quería que ella se metiera conmigo delante de nadie –decía–. No quería que nadie lo viera».

Pero ante todo, por lo menos Will y Kim se tenían el uno al otro. Cada uno de ellos era, para el otro, el hombro sobre el que llorar, el amigo al que explicar los problemas, el defensor, el cómplice. «Sobrevivimos juntos –comentaba–. Pensaba, de verdad, que estaríamos unidos para siempre».

Sin embargo, tras marcharse de casa, se abrió una brecha entre ellos. «Imagino que cuidábamos el uno del otro y nos fijábamos en el pasado, en lo que habíamos pasado y en aquello de lo que intentábamos huir», decía Will.

Eran educados y respetuosos, pero Will y Kim se trataban el uno al otro más como compañeros de trabajo que como queridísimos hermanos.

Puede que resultara poco estimulante, pero su relación como adultos fue funcional durante más de veinte años, hasta que se enfrentaron a decisiones sobre los cuidados a largo plazo de su padre.

Tras el fallecimiento de su madre, su padre malvivió en la casa familiar durante años, pero estaba perdiendo fuerza e independencia. Necesitaba ayuda para hacer la compra, hacerse la comida y llevar la casa al día. Precisaba a alguien que se ocupara de sus medicamentos, y también para que le recordara que debía tomarlos.

«Disentíamos sobre lo que hacer por él, y también sobre quién haría qué –decía Will–. Era una situación estresante, y no fue de ayuda que estuviéramos de vuelta en esa casa, sintiendo que regresaban todos esos sentimientos, cuidando del hombre que estuvo allí y que nunca hizo nada para que nuestras vidas resultaran tolerables. Y ahora, aquí estábamos, poniendo patas arriba nuestras vidas para hacer que a él le la vida le resultara tolerable».

Sin embargo, no tuvieron el valor de desquitarse con él por toda una vida de resentimiento, y no podían hacérselo pagar a su madre, así que escogieron el único objetivo que tenían: el uno al otro.

Se criticaron insidiosamente el uno al otro con respecto a los horarios, los quehaceres inconclusos, e incluso por si estaban mostrándose lo bastante alegres con su padre.

Will cambió algo de sitio, y Kim se pasó todo el día buscándolo y luego le reprendió por su falta de consideración.

«Y la mezquindad creció para convertirse en algo peor –decía–, hasta que nos acabábamos gritando el uno al otro como dos borrachos en un bar».

La ironía de la situación no se le escapaba. «Tuvimos que madurar antes de tiempo –comentaba Will–. Pero ahora que somos adultos nos comportamos como niños».

Las cosas se calmaron hasta llegar al punto en que ambos dejaron de hablarse, pero el dolor de la guerra contra su hermana desgastaba a Will cada día. «Recordaba esos tiempos en los que éramos niños, acurrucados bajo el escritorio de ella mientras esperábamos otro de los estallidos de ira de mamá –comentaba él–. Kim era la persona en mi vida que me sonreía, me abrazaba, me animaba. Ahora ni siquiera podríamos hablar del tiempo».

Will intentaba hallar una forma de hacer las paces con Kim. La mujer de Will y el esposo de Kim se convirtieron en intermediadores; pero volvían una y otra vez a su viejo hogar y a su viejo dolor, y cada vez se marchaban de él incapaces de verse el uno al otro como lo habían hecho antaño.

Nada parecía ser de ayuda hasta que un encargo en el trabajo forzó a Will a retirarse de su programa de cuidados compartidos. Le preocupaba que su relación con su hermana fuera a empeorar al dejarla sola para lidiar con su padre sin su ayuda.

En su lugar, el tiempo que pasaron separados inició un proceso de curación para los hermanos.

Semanas más tarde, Kim invitó a Will a su casa, donde había estado muy pocas veces incluso antes de que empezaran sus peleas.

Ella le dijo: «Si mamá pudiera vernos ahora, diría: "Tenía razón con estos dos" –Añadió–: No voy a permitir que eso suceda». Y con poco más que una sonrisa y un abrazo hubo un sentimiento completamente distinto entre ellos.

Al igual que con la pausa que ayudó a Vanessa Selbst a conseguir interpretar mejor a sus oponentes, Will y Kim acabaron, gracias al tiempo que pasaron separados, más capacitados para ver más allá del problema que tenían delante de sus narices.

«En medio de todo ello, simplemente no podíamos dejar de ser así –decía Will–. Puedes hacer que algo mejore si simplemente lo detienes todo».

La lección

Tu cerebro (si se le proporciona tiempo y espacio) puede ver más allá de los problemas que hay justo delante de tus narices. Puede sanar relaciones dañadas, vencer a los rivales en el póquer, resolver los misterios de las moléculas. Tal y como podrá decirte cualquier taxista londinense, tu cerebro (si le conceden tiempo y espacio) puede transformarse y permitirte superar cualquier prueba.

Más que eso, tu cerebro puede transformar tu vida para permitir que veas más allá del malvavisco que tienes delante para poder observar las cosas que se encuentran más allá. **Los niños que alejaban la mirada del problema que tenían delante acabaron obteniendo un resultado superior en 210 puntos en los exámenes de acceso a la universidad, y lo que es más, llevaron una vida mejor y más fácil como adultos.**

Dar un paso atrás con respecto a tu problema y apartar la mirada de él (en lugar de abalanzarte sobre él) es como cocinar un pastel en lugar de comerte cada ingrediente por separado. Te llevará más tiempo, pero al final acabarás obteniendo un resultado mucho más satisfactorio.

DOS CONSEJOS: VER MÁS ALLÁ

«Aprende a tocar el violín» fue el memorable y sorprendente consejo que dio el gurú de los negocios Peter Drucker sobre cómo prepararse mejor para dirigir una empresa. Lo que quería decir es que debemos ser capaces de pensar en transversal en distintos temas y fomentar una visión más amplia. Tenemos que ser capaces de acceder a más de una forma de ver las cosas y tomarnos tiempo para unir las piezas. Necesitamos, en pocas palabras, cultivar fortalezas que aparentemente no tengan nada que ver las unas con las otras. Empieza a aprender algo hoy que no tenga relación con tu trabajo ni con tu vida familiar, y eso te enseñará algo vital sobre las cosas que son más importantes para ti.

Sal de tu cubículo. Los investigadores hicieron que entraran personas en una cabina y les pidieron que llevaran a cabo tareas creativas relacionadas con palabras. Otros realizaron justo la misma tarea fuera de la cabina.[4] Los que estaban fuera lo hicieron un 20 % mejor. Sal de tu espacio limitado, ya sea un cubículo, una mesa de cocina, un vehículo o cualquier lugar en el que estés mirando fijamente a un problema. Sal a un lugar abierto: fuera, a una habitación espaciosa, cerca de un ventanal enorme. El confinamiento limita las ideas.

4. Leung, A. *et al.* (2012), «Embodied metaphors and creative "Acts"», *Psychological Science*, vol. 23, págs. 502-509.

Capítulo 9

Oscuro, suave, delicado y lento: el poder de los opuestos

¿Qué pasaría si quisieras crear el mejor equipo de béisbol? Empezarías con los mejores jugadores, ¿no es así?

Si reunieras a los jugadores mejor pagados del mundo del béisbol para crear tu equipo (aquellos que los gerentes generales y los propietarios de los equipos consideran que son los mejores) podrías acabar encontrándote con una sorpresa.

En 2013, tres de los cuatro jugadores mejor pagados en las ligas mayores de béisbol fueron (por decirlo francamente) unos inútiles.

Los tres tuvieron un rendimiento tan mediocre que un jugador corriente de las ligas menores podría haberlo hecho igual de bien, aunque el salario de cualquier jugador de estas otras ligas habría sido bastante inferior.

De forma contraria a lo que dictaría la intuición, si pretendieras ser el mejor equipo, sería preferible que evitaras a aquellos jugadores que suelen ser considerados los mejores.

Cuando te encuentres sin respuesta ante un problema (cuando el único pensamiento al que puedas atenerte es que se trata de un problema que no se puede resolver), tienes que abrir tu mente a los opuestos. Dale la vuelta a la situación por completo. Piensa en la posibilidad de que lo obviamente negativo sea en realidad algo positivo. Dentro de los opuestos encontramos a nuestro yo más creativo.

Era un día muy caluroso. En esos momentos, el aire acondicionado no era algo habitual en las casas, y ese mes de julio en concreto en California era abrasador.

Cuando llegó su colega, la primera cosa que Bob Wells le dijo fue: «Estoy muy acalorado hoy. Me he metido en la piscina y me he dado una ducha fría. He probado todo lo que se me ha ocurrido, y nada ha funcionado».

Mel Tormé simplemente asentía y sudaba. Los dos hombres trabajaban bien en la casa de Wells, en Toluca Lake, pero Tormé pensaba que la temperatura en las casas del valle era diez grados superior que en cualquier otro lugar del sur de California.

Wells le pasó a Tormé un folio y le dijo que había probado con una cosa más para refrescarse. «Me he sentado y he escrito estas líneas a modo de experimento –le explicó Wells– para ver si pensar en escenas invernales puede surtir efecto».

Como un invierno en el sur de California era insuficiente, Wells imaginó que estaba de vuelta en la costa este de Estados Unidos, viviendo de nuevo un verdadero invierno en la ciudad de Nueva York.

Tormé echó una ojeada al folio. En él pudo leer: «Castañas asándose en una fogata, una helada entumeciendo tu nariz, un coro cantando villancicos navideños, gente vestida como esquimales».

Wells dijo, disculpándose, que los únicos pensamientos invernales que podía recordar eran los navideños. Las líneas, comentó, eran desechables, garabateadas para entretenerse en su fallido intento por vencer al calor.

Tormé disentía. Veía los ingredientes para una canción. Y como Tormé y Wells tenían un contrato para componer canciones nuevas cada mes, no perdieron tiempo en dedicarse a acabar lo que habían empezado.

Tormé se sentó al piano y empezó a juguetear con algunas ideas. Probó con posibles melodías y acordes. Mientras tanto, Wells empezó trabajando en la primera estrofa.

Mientras estaban allí sentados, sudando, en la casa de Wells, pensando en el invierno en pleno julio, acabaron componiendo «The Christmas song» a lo largo de cuarenta minutos.

Primero se la llevaron a Nat King Cole. Tormé le tocó toda la canción y Cole se mostró eufórico. Insistió en que tenía que ser el primer cantante en grabarla. «Esa canción es mía –les dijo–. ¿Me habéis oído? Esa canción es mía».

Mientras su compañía discográfica la había rechazado por tratarse de una «canción de un día», al afirmar que «nadie va a comprar una canción que sólo vale para un día del año», el entusiasmo de Cole triunfó.

Cole la grabó en 1946 y de nuevo en 1953 con el acompañamiento orquestal que se convirtió en la versión estándar que todavía conocemos en la actualidad. La canción fue un gran éxito para Cole y para el equipo de compositores constituido por Tormé y Wells. Además, ha perdurado para convertirse en toda una institución durante las fiestas como la canción navideña más grabada y reproducida.

¿Cómo evocaron la simple alegría de las Navidades? ¿Cómo crearon algo que te envuelve en un sentimiento tan específico y te transporta? Wells cree que el atractivo de la canción y su perdurabilidad resultante se deben al singular hecho de que la escribieron en julio.

«Si hubiéramos escrito una canción navideña en diciembre no habría nada de memorable en ello –decía–. Habríamos estado rodeados por la Navidad, por canciones navideñas, por frases navideñas y juergas navideñas, y no habría nada especialmente mágico en ella. El momento nos habría parecido corriente y la canción también lo habría sido».

Wells afirmaba que existía una diferencia entre ver algo de cerca y verlo de frente: «No escribes sobre una montaña desde el interior de la misma –comentaba–. Si lo hicieras, nunca acertarías con lo que la gente siente acerca de ella».

Wells decía que «la canción es una verdadera celebración de las Navidades porque eso es lo que sentíamos cuando la compusimos» durante ese sofocante día en Toluca Lake, cuando la Navidad no era más que un sueño para ellos.

El consumo de drogas es una plaga que puede destruir a las personas, las familias, las comunidades e incluso a países enteros. ¿Qué podemos hacer al respecto?

Lo atacas con todo de lo que dispones. Es un delito, así que traes a la policía, efectúas arrestos, eliminas el problema de las calles y encarcelas a esa gente.

Pero el problema de las drogas no desaparece, sino que empeora. ¿Qué es lo que haces?

Atacar al problema con más dureza. Más policía. Más arrestos. Penas de cárcel más largas. Todo esto es en extremo caro. Cuesta dinero e implica esfuerzo humano. Hoy en día, cada estado de Estados Unidos, por ejemplo, gasta más dinero en sus prisiones que en sus universidades. Cuando tienes un enemigo claro, luchas contra él con todo aquello de lo que dispones.

¿Pero qué pasaría si el problema sigue sin desaparecer? No hace más que empeorar. Pero ahora, ¿qué haces? En la mayoría de los países, la respuesta es obvia: luchar con más fuerza.

No todo el mundo veía las cosas así. «Si lo que estás haciendo no funciona, ¿por qué seguir intentándolo?», pregunta el doctor João Goulão, el director de los esfuerzos por parte del gobierno portugués. Ciertamente, vio que una definición muy citada sobre la locura consiste en hacer lo mismo una y otra vez y esperar resultados distintos.

El doctor Goulão y otros líderes del gobierno se opusieron a comprometerse cada vez más con las tácticas que estaban haciendo que se perdiese la batalla. De hecho, al igual que Bob Wells y Mel Tormé cuando vieron la Navidad desde otra perspectiva en julio, el doctor Goulão y sus colegas querían hacer la guerra a la droga desde la dirección opuesta.

En lugar de más policía y sentencias de cárcel más largas, propusieron la despenalización de la posesión de drogas. «Es como si nos estuviéramos golpeando el cráneo con un martillo para librarnos de un dolor de cabeza –afirmaba–. Si eso no funciona, la solución no es un martillo más grande».

¡Despenalización!, gritaron los críticos. Las drogas, que ya eran un azote, se apoderarían del país y lo harían inhabitable. Lo que no haces es tomar algo malo y proporcionar, en esencia, respaldo gubernamental.

El doctor Goulão tenía una respuesta. La policía y las penas (las condenas) nunca fueron el objetivo. El objetivo (desde el principio) siempre había sido reducir el consumo de drogas. Si la posesión de drogas se despenalizaba, decía, el país podría dedicar sus recursos al tratamiento. Es más, aquellos que necesitaran ayuda no tendrían razón alguna para ocultarse entre las sombras por miedo a un castigo si buscaran alguna vía para desengancharse.

Diez años después, en Portugal, las cifras relativas a las drogas son sorprendentes. Las muertes por sobredosis han descendido un 27 %. Los nuevos casos de VIH relacionados con el consumo de drogas se han reducido un 71 %. El consumo general de drogas ha bajado un 50 %. Portugal tiene ahora el porcentaje de consumo de drogas más bajo de toda Europa. Hoy en día, los portugueses tienen sólo un cuarto de probabilidades de consumir drogas en comparación con los estadounidenses. «No hay duda de que el fenómeno de la adicción está en declive en Portugal», comentaba el doctor Goulão mientras todos y cada uno de los investigadores llegaban a la misma conclusión.

El doctor Goulão se toma todo esto no como un triunfo personal, sino como un triunfo para las familias afectadas. «Es imposible exagerar lo que esto significa para las familias en Portugal –decía–. Piensa en las madres y padres que sacan hoy a sus hijos adelante porque no están consumiendo y no están en la cárcel. Nuestra sociedad es hoy más fuerte debido a esto».

En la actualidad, más de veinte países tienen algún tipo de despenalización de las drogas, aunque por lo general bastante más limitada que el enfoque portugués. Pese a ello, ninguna de estas naciones ha visto aumentar el consumo de drogas como respuesta a la despenalización.

Igual que en su tiempo ignoró a sus críticos, hoy en día, el doctor Goulão no hace caso a aquellos que lo elogian por tener la valentía y la visión para dar completamente la vuelta a la política con las drogas. «Soy médico. Para mí, el éxito no consiste en con cuánto ahínco trabajo o en cuántos tratamientos pruebo con un paciente. Para mí, el éxito es un paciente sano –comentaba–. Si enfocas el consumo de drogas de esa forma, lo importante no es lo que haces tú, sino lo que sucede. Y lo que ha pasado es que ahora tenemos un país más sano».

Te van a leer una lista de palabras. Tras cada término, responde con la primera palabra que te venga a la mente.

Es importante que comprendas que no hay respuestas correctas ni incorrectas. Es, no obstante, esencial que respondas cada vez con la primerísima palabra que te venga a la mente. Simplemente di la palabra en el momento en que te venga a la cabeza. Una vez más, es imposible que suspendas esta prueba, pero también que triunfes en ella. Tan sólo deja que tu mente trabaje sin inhibiciones. No intentes corregirte.

Y entonces las palabras empiezan a venirte a la mente. ¿Qué es lo que dices?

«Oscuro».

«Blando».

«Liso».

«Lento».

«Hermoso».

«Alto».
«Problema».
«Duro».
«Justicia».
«Liviano».
«Libre».
«Amargo».
«Largo».
«Alegría».
«Tranquilidad».

Y la lista seguía con ochenta y cinco palabras más.

Los psicólogos habían estado revisando las respuestas a las asociaciones de palabras durante generaciones en busca de ideas sobre nuestra personalidad y nuestras propensiones. Y hasta que Albert Rothenberg desarrolló su enfoque nadie pudo obtener una forma fiable de usar la prueba para valorar la capacidad creativa y de hallar respuestas de una persona.

Antes que Rothenberg, los investigadores contaban el número de respuestas inusuales y teorizaban que las elecciones raras de palabras nos decían algo sobre la creatividad. Pero las respuestas inusuales nos decían más sobre el vocabulario de una persona que sobre la capacidad de generar respuestas creativas.

Rothenberg desarrolló una teoría que decía que las respuestas creativas están alimentadas por la capacidad de concebir conceptos, ideas e imágenes contradictorios. Al mismo tiempo, mantener puntos de vista opuestos proporciona a la persona la capacidad de ver una situación desde múltiples ángulos. Esas perspectivas variadas incrementan entonces las probabilidades de hallar una solución singular o sorprendente.

En el caso de las asociaciones de palabras, Rothenberg creía que con cuanta más frecuencia dijera un encuestado una palabra directamente opuesta en significado al término que había leído el investigador, más probable era que tuviera dotes creativas.

Comprobó su conjetura comparando las respuestas que daban personas implicadas de manera regular en proyectos creativos con las de aquellas que no lo estaban. Las suposiciones de Rothenberg fueron correctas. El grupo creativo respondió con contrarios con un 25 % más de frecuencia que el grupo no creativo, y además respondió con un 12 % más de rapidez.[1]

Rothenberg volvió a llevar a cabo la prueba una y otra vez, comparando no sólo a gente implicada en las artes creativas, sino también a aquellos que ostentaban cargos de liderazgo creativo en entornos de negocios. Cada vez, el grupo más creativo respondía con un mayor número de términos contrarios.[2] Incluso obtuvo las respuestas de una docena de ganadores del premio Nobel, que según parece contestaron el mayor número de términos opuestos en el intervalo de tiempo más breve de entre todos los grupos que había estudiado.

En todos estos individuos creativos, Rothenberg observó que la velocidad de sus respuestas cuando contestaban con contrarios era tanta que dichas respuestas tenían que haber sido proporcionadas, sin duda, de forma espontánea. En otras palabras, estos sujetos clasificaban de forma natural una palabra con sus opuestos, teniendo dos nociones contrarias almacenadas la una al lado de la otra en su mente.

En las entrevistas que mantuvo con novelistas, poetas y otros escritores, Rothenberg quedó impactado por el grado en que mantenían argumentos opuestos en el centro de sus pensamientos. Trabajaban con ideas abstractas y concretas al mismo tiempo. Concebían tanto lo bueno como lo malo en una persona. Toleraban el conflicto, y esto les permitía encontrar algo nuevo, algo más. Efec-

---

1. ROTHENBERG, A. (1973), «Word association and creativity», *Psychological Reports*, vol. 33, págs. 3-12.
2. ROTHENBERG, A. (1973), «Opposite responding as a measure of creativity», *Psychological Reports*, vol. 33, págs. 15-18.

tivamente, Rothenberg comprobó que si se daba el mismo valor a las creencias opuestas, los escritores eran capaces de elaborar escritos sorprendentes y únicos.

Uno de los elementos fascinantes de los resultados de Rothenberg es que ni el uso de los conceptos contrarios ni el grado de creatividad que muestra una persona están relacionados con la inteligencia. Rothenberg entregó, por separado y para su realización, exámenes de cociente intelectual a los sujetos que se sometieron a la prueba de asociación de palabras, y resultó que el cociente intelectual no tenía nada que ver con el uso de términos contrarios ni con la capacidad de ser creativo. De forma parecida, cuando trabajaba con estudiantes, Rothenberg obtuvo sus resultados en las pruebas de acceso a la universidad. Una vez más, unos mejores resultados no tenían ningún efecto en la capacidad creativa.

Solemos pensar que las soluciones creativas son propiedad de ciertos tipos de personas. Y no es así. Podemos ser creativos y obtener la respuesta a lo que sea si nos lo permitimos. ¿Cuántos contrarios has usado? Si has empleado más de siete, te encontrarías en el grupo creativo de Rothenberg. Con independencia del número, debes mantener tu mente abierta a los contrarios. Abre tu mente para ver más allá de lo que se encuentra delante de ti y las respuestas llegarán.

Cuando tienes un problema, éste se deja caer justo delante de ti. Es tan fácil de ver que casi nos exige que nos fijemos en él. Pero si tu mente está abierta a los opuestos, eso significa que puedes, simultáneamente, estar desconcertado por un problema y aun así mantener la creencia de que el problema puede resolverse. Puedes ver el problema justo delante de ti, pero también puedes ver más allá de él y observar qué es lo que viene a continuación. De hecho, Rothenberg advirtió que cuanto mayor fuera el concepto opuesto que puedas aceptar, más grandes serán los pensamientos creativos e inventivos. O, dicho de otra forma, cuanto mayor sea el problema que puedas ignorar, mayor será la respuesta que puedas hallar.

Cuando Paul Wellstone le pidió a Bill Hillsman que hiciera anuncios para su campaña como candidato al senado estadounidense, Wellstone no tenía dinero, ni un nombre, ni reconocimiento, y se encontraba a más de treinta puntos por debajo de su rival en las encuestas. En pocas palabras, no tenía la más mínima posibilidad.

Pero Hillsman, a quien le encanta un buen reto, aprovechó la oportunidad.

Mientras otros profesionales de la campaña trabajaban de manera incansable para superar el problema del dinero y hacer que Wellstone tuviera un aspecto más convencional y senatorial, Hillsman veía las cosas de forma muy distinta.

Hillsman creía que los asesores de imagen de los políticos estaban anclados en la misma vieja cantinela de suposiciones. Dirigían estas campañas simplistas en las que hacían las mismas cosas una y otra vez y fracasaban miserablemente a la hora de identificar qué es más cautivador en su candidato. Como resultado, cuando los votantes veían anuncios de campañas electorales por la televisión, se apresuraban a quitar el sonido de su televisor.

Hillsman vio algo que le resultó singularmente cautivador en Wellstone, y era todo lo que sus asesores de imagen estaban intentando reducir. Al igual que escribir una canción navideña en julio o combatir las drogas despenalizándolas, Hillsman considero que el enfoque convencional de las campañas electorales era soso, tenía defectos y era aburrido. Mientras los asesores de imagen intentaban modelar a un candidato genérico al senado a partir de un profesor universitario bajito, con el cabello encrespado y emotivo, Hillsman consideraba que eso no suponía un problema para Wellstone, sino que se convertía en sus puntos fuertes.

Hillsman ni siquiera se preocupó por el terrible problema del dinero que afectaba a la campaña. En lugar de intentar superar una brecha monetaria de veinte a uno con respecto a su rival, Hillsman pensó que el candidato simplemente debería hacer anuncios que fueran veinte veces mejor que los de su oponente. En lugar de preocuparse por el hecho de que Wellstone no pareciera el candidato arquetípico con el cabello senatorial perfecto, Hillsman pensó que podrían presentar a Wellstone como una persona de carne y hueso, alguien en quien los votantes pudieran creer, les gustara y confiaran en él.

Con esa mentalidad y la voluntad de ignorar al resto de los asesores de imagen de la campaña, Hillsman empezó a producir unos anuncios que no se parecían en nada a cualquier cosa que nadie hubiera realizado antes. Empezó con «Paul el rápido», en el que Wellstone hablaba rápido y corría, entrando y saliendo del plano mientras la escena del fondo pasaba de un hospital a una escuela o a la orilla de un río. Wellstone empezaba diciendo que tenía que hablar rápido porque no tenía los miles de millones de dólares que sí poseía su rival. En treinta segundos presentaba a su familia y comentaba sus orígenes y sus principales prioridades, y definía la carrera como si la estuviera corriendo una persona de carne y hueso frente a los intereses de los ricachones.

No se trataba del mismo anuncio que los votantes habían visto un millón de veces de cada candidato. Ningún político sale corriendo de la pantalla. Ningún político hace un anuncio publicitando el poco dinero que tiene. Ningún político habla demasiado rápido de manera intencionada. Esto era *diferente*. No había necesidad de silenciar el televisor con este anuncio: era divertido y pegadizo. Y no podías evitar captar el mensaje: este tal Wellstone es una persona de carne y hueso.

Hillsman no pidió a la campaña que hiciera encuestas de seguimiento para ver si el anuncio funcionaba. No tenían dinero para eso; sin embargo, consideraba que podía obtener mejores datos él mismo. Simplemente fue a restaurantes, partidos de béisbol y salió a las calles y escuchó. Si este anuncio era suficientemente bueno, la gente hablaría de él. Si no hablaban del anuncio, entonces es que no estaba haciendo bien su trabajo.

Hillsman siguió con un anuncio titulado «Buscando a Rudy». En él aparece Wellstone buscando por todos los lugares de Minnesota a su oponente, el senador titular Rudy Boschwitz. Boschwitz había rehusado debatir con Wellstone y permaneció la mayor parte del tiempo en Washington, considerando a Wellstone nada más que una pequeña molestia que sería aplastada el día de las elecciones. Rompiendo todas las normas de la publicidad política, el anuncio de Hillsman duraba dos minutos en lugar de treinta segundos y no contenía ni un cliché. En su lugar, y de forma inolvidable, Wellstone se dejaba caer por el cuartel general de la campaña de Boschwitz y preguntaba si el senador estaba allí. No estaba. Lo que es incluso mejor es que Wellstone pregunta a un empleado si pensaba que debería celebrarse un debate. El trabajador se queda sorprendido por la pregunta y rehúsa contestarla.

Más adelante, Wellstone toma prestado un bolígrafo del recepcionista de la campaña electoral para anotar su número de teléfono y que se lo hagan llegar a Boschwitz. Tras señalar que su campaña no puede permitirse unos bolígrafos tan bonitos, pregunta si puede quedárselo. Nadie silenciaba la televisión cuando veía esto.

Nadie podía ni siquiera mirar para otro lado. Los anuncios de las campañas electorales nunca eran tan largos, porque ¿quién podría soportar dos minutos de imágenes de archivo y frases más que trilladas? Pero eso era absorbente.

Y el anuncio sigue, mientras Wellstone intenta encontrar a Rudy en su empresa y prueba, en vano, a contactar con él por teléfono.

La campaña de Wellstone sólo podía permitirse retransmitir el anuncio una vez, pero fue tan digno de atención que lo mostraron en programas de noticias locales y nacionales, y era tan llamativo que nadie que lo viera necesitaba visionarlo otra vez.

Paul Wellstone da la impresión de que es una persona agradable, afable, divertida y, por encima de todo, muy de carne y hueso. Boschwitz se convierte, con su ausencia, en ese ser de la capital, demasiado pagado de sí mismo para hacerse ver para la elección.

«Buscando a Rudy» fue considerado por una revista del ramo de la publicidad como el mejor anuncio jamás realizado para una campaña política. De hecho, el anuncio fue tan influyente, que avergonzó a Boschwitz, que tuvo que debatir con Wellstone. Los debates supusieron más publicidad gratuita para una campaña sin dinero y ayudaron a que Wellstone promoviera el argumento de que era una persona de carne y hueso corriendo contra un privilegiado que vivía en Washington.

Hillsman está convencido de que si la campaña hubiera seguido tratando las cosas propias de Wellstone que eran diferentes como si fueran problemas, habrían perdido por unos cuarenta puntos porcentuales. En su lugar, la campaña se construyó alrededor de ellas, y cuando, finalmente, se hizo el recuento de votos, Wellstone había remontado desde estar cuarenta puntos por debajo a ganar la carrera por cuarenta y siete mil votos.

Recordando esa carrera dos décadas después, Hillsman se maravilla de lo poco que ha evolucionado la publicidad política desde entonces. «Estos anuncios están, todos ellos, basados en las investigaciones, y son predecibles y muy repetitivos. Hay muy poco arte en ellos –comentaba–. Todo lo que hacen es telegrafiar que son anuncios políticos, así que la gente aprende, de manera automática, a ignorarlos y a hacer algo que valga más la pena durante los siguientes treinta segundos de su vida».

Hillsman considera que los creadores de anuncios políticos se comportan como si de algún modo pudieran incordiar a la gente para que vote a su candidato. Si intentaran usar estas técnicas en el mundo de los negocios, «les defenestrarían».

El mensaje de un típico anuncio político podría, también, muy bien ser: «Soy como todos los demás», decía Hillsman. Por otro lado, si quieres destacar en el mundo de la política, «haz justo lo contrario: pon de relieve las cosas que todos los demás temen mostrar».

Estados Unidos había dedicado cada recurso disponible a sus fuerzas amadas ese invierno de 1944. La nación ya estaba fabricando tantos tanques, aviones y armas como podía. Se reclutaba a soldados, se les formaba y se les enviaba al extranjero a un ritmo frenético. Y pese a ello, los líderes militares necesitaban más ayuda.

Estaban luchando en dos guerras a ocho mil kilómetros de su país. Precisaban más soldados y más armas. Siempre necesitaban más.

Pero más era imposible. Todo lo que se podía producir se estaba produciendo.

La única forma de incrementar la capacidad militar estadounidense era esperar. Pero eso también era imposible. El enemigo no haría sino fortalecerse. Su hambre de conquistas no haría más que crecer.

Miras fijamente al problema y no tiene solución. Necesitas más y no puedes conseguirlo. Tendrás que esperar para obtener algo más, pero no puedes hacerlo. Es un círculo vicioso del cual no hay salida.

Pero dale completamente la vuelta a la situación (tal y como hizo el ejército en 1944) y aparecerá una solución. El objetivo de un ejército no es ser grande y fuerte, sino ganar. Parecer grande y fuerte resultará de ayuda, sin duda alguna, para ganar, porque parecer fuerte intimidará al enemigo e influirá en su comportamiento. Así pues, razonaron los mandamases del ejército, incluso aunque no puedas obtener más tropas y tanques, sería de gran utilidad parecer que se tenían más tropas y tanques.

Con la creación del 23.º regimiento de Tropas Especiales del Cuartel General, el ejército reunió a un batallón de guerreros que luchaban con su imaginación. Reclutados en facultades de bellas artes y agencias de publicidad, despachos de arquitectos y estudios de cine, su trabajo consistía en hacer aparecer un batallón del ejército ficticio allá donde fuera necesario.

Las tropas del 23.º regimiento lucharon en la guerra no peleando en absoluto, y se les reconoce el hecho de haber salvado decenas de miles de vidas mediante la distracción, retrasando a las tropas enemigas y evitando que respondieran a los ataques estadounidenses reales.

Hombres como el futuro diseñador de moda Bill Blass y el futuro pintor impresionista abstracto Ellsworth Kelly y otros cientos de visionarios creativos trabajaron en lo que ellos llamaban la «atmósfera», generando una impresión polifacética de una gran fuerza militar que se podía reunir cuando fuera necesario.

Diseñaron versiones inflables de tanques, vehículos todoterreno militares y aviones que se podían desplegar para engañar a los aviones de reconocimiento alemanes que vigilaban desde el cielo.

Generaron la impresión de una unidad enorme de soldados que avanzaba de manera que parecieran cien camiones de transporte que retumbaban en el centro de una localidad francesa, aunque en realidad se trataba de sólo dos camiones que circulaban por el pueblo, dando vueltas y pasando una y otra vez.

Con los sonidos grabados en Fort Knox (Kentucky), emitían el sonido de motores y el ruido de los cambios de marchas de modo que la gente que hubiera en kilómetros a la redonda pudiera oír lo que parecía la llegada de una fuerza militar enorme.

Interpretaban pequeños papeles en los que las tropas del 23.º regimiento parecían, como si estuvieran borrachas, que se olvidaran de sí mismas durante un rato y comentaran en voz demasiado alta los planes del siguiente ataque mientras estaban sentados en la esquina de un bar francés.

Crearon obras falsas, de modo que pareciera que estaban a punto de construir un puente, telegrafiando así al enemigo una ruta ficticia para la batalla.

En Francia, Luxemburgo, Bélgica, Holanda y Alemania, el 23.º regimiento daba una serie constante de indicaciones falsas al enemigo.

Su última gran misión ayudó a los estadounidenses a cruzar el río Rin y a iniciar la fase final de la derrota alemana. Con el cruce real del río en la localidad de Remagen, el 23.º regimiento se preparó para «atacar» a unos ciento veinte kilómetros río abajo, en el pueblo de Viersen. La misión de Viersen incluía miles de tanques y vehículos todoterreno militares inflables, toda la parafernalia de sonidos, la construcción de un puente falso e incluso una instalación médica que no era tal para prepararse para atender a los heridos de un ataque falso.

Un general del ejército dijo que la distracción del Rin había salvado por sí sola, diez mil vidas.

El 23.º regimiento fue un triunfo de la creatividad: primero en la creación del equipo y segundo en la libertad que permitió a sus miembros usar todo el poder de su mente para satisfacer la misión de parecer fuertes.

Imagínate respondiendo a la temible máquina de guerra alemana con tanques de mentira y el diseñador de moda Bill Blass. Parece justo la forma contraria en que se lucharía en una guerra. Lo es: y ésa es la razón de que funcionara tan bien.

La lección

Ser capaz de ver lo contrario nos abre un mundo de nuevas posibilidades e ideas originales. Ver lo opuesto ayudó a elegir a un senador estadounidense basándose en lo que los demás pensaban que eran sus puntos débiles. Ayudó a ganar una guerra fingiendo. Redujo el consumo de drogas reduciendo las penas por su posesión. Generó una canción navideña icónica durante un bochornoso día estival.

El poder de tolerar lo opuesto es el de ver cosas que nadie más puede ver, hacer cosas que nunca antes se han realizado y creer cuando todos los demás se han rendido. Los límites que la gente se autoimpone ya no aplican. Los problemas no pueden detenerte en seco si puedes ver lo opuesto: si puedes ver que los problemas pueden ser regalos, como lo fueron para Mel Tormé y Bob Wells, así como para Bill Hillsman. Ver que los problemas pueden ser retos genera soluciones innovadoras, como en la batalla portuguesa contra las drogas y los esfuerzos estadounidenses en la segunda guerra mundial.

El poder de dar la vuelta a las cosas es que nos proporciona la libertad de pensar en una nueva respuesta. Ésa es la razón por la cual Arthur Rothenberg vio que **la gente creativa está un 25 % más concentrada en los contrarios**.

Dar completamente la vuelta a un problema es como abrir las esclusas para tu mente: no creerás cuánto habrás estado conteniendo hasta que veas las ideas que van apareciendo una tras otra.

DOS CONSEJOS: VE POR EL OTRO CAMINO

No sigas al líder. Queremos mostrar nuestra deferencia a la gente que está al cargo y que dispone de los conocimientos y la experiencia para alcanzar las mejores respuestas. Pero en muchos casos, el líder no es más que la persona con malas ideas que ha estado en ese lugar durante más tiempo. Cuando un economista estudió las decisiones estratégicas de los entrenadores de la NFL (la liga estadounidense de fútbol americano), comprobó que éstos no lograban escoger la opción más agresiva y beneficiosa el 89,9 % de las veces.[3] En lenguaje académico, los entrenadores mostraban «desviaciones sistemáticas, claras y significativas de las decisiones que maximizarían las opciones de ganar del equipo». En lenguaje llano, si los treinta y dos principales líderes del fútbol americano profesional se equivocan el 89,8 % de las veces, deberías pensar más allá de las respuestas manidas de la gente que está al mando.

---

3. Romer, D., «Do firms maximize value? Evidence from professional football», *Journal of Political Economy*, vol. 114, págs. 340-365.

Divaga. «¡Divagación!», gritan en tono burlón los chicos de la clase de Holden Caulfield cuando uno de sus compañeros se va por las ramas con respecto al tema central de su exposición. En una palabra, la escena de *El guardián entre el centeno* condensa la angustia de Holden en una escuela que aborrece el pensamiento no convencional. Fuera del aula de Holden, no obstante, las divagaciones deberían valorarse. Cuando unes conceptos sin aparente relación entre sí, cuando permites la entrada a pensamientos pasajeros, ves las cosas de formas originales y generas soluciones también originales. La próxima vez que intentes pensar en una respuesta audaz, aprovecha la primera oportunidad de la que dispongas para divagar sobre el tema principal.

Capítulo 10

¿Por qué suenan estas campanas? El arte de escucharte a ti mismo

¿Qué pasaría si, antes de que las explicaras, primero tuvieras que probar tus ideas con una bola mágica adivinatoria? Relatarías tu plan, le preguntarías a la bola si es una buena idea, la agitarías y la bola te daría cualquiera de entre una serie de respuestas entre las que se encuentran «Sí», «Mi respuesta es no» y «Pregúntamelo más tarde».

Comprendemos, instintivamente, la absurdidad de permitir que la bola mágica adivinatoria (o bola 8 mágica) evalúe nuestros pensamientos y frustre nuestras esperanzas. Pero la verdad es que la bola mágica adivinatoria probablemente sería una mejor consejera que la siguiente persona con la que compartas una idea. Es cierto: las respuestas de la bola 8 mágica son aleatorias, pero por lo menos nunca pecarán de la perspectiva del problema doble.

Las otras personas quedan atrapadas en el atolladero del problema al que te estás enfrentando. Entonces, cuando encuentras un camino para superar el problema, esas otras personas buscan un problema a tu solución. La bola mágica adivinatoria, por otra parte, aporta respuestas positivas el 50 % de las veces.

Para concederte una oportunidad de encontrar una solución, debes escuchar a tu propia voz. La solución se encuentra en tu interior. Pero cuando hallas la solución, la mayor amenaza a la que te enfrentarás será permitir que la voz de alguien se imponga a la tuya.

Las otras personas te dirán que no. Esa otra gente compartirá sus dudas. No se debe a que estés equivocado: la razón es que eso es lo que hace esas otras personas. Ven el problema. Si pudieran ver una solución, habrían hallado una.

El pensamiento libre es poder. Es tu vía de acceso a la respuesta. Cualquier otra voz es un arnés que te ralentiza.

Cuando de verdad importa, una única mente genera acción, mientras que una reunión de mentes produce vacilaciones y dudas.

Ahora escucha.

Tú tienes la respuesta. La solución se halla en tu interior. Escúchala.

¿Cómo logras que los individuos lleven a cabo el mejor trabajo posible? Explícales qué hacer, muéstraselo y díselo de nuevo. Grítales, recuérdaselo, limita sus opiniones de modo que tengan que hacerlo de la forma correcta. Mantenles alerta. Incomódales, insúltales, haz lo que sea necesario para dejar claro qué es lo que quieres y haz que cualquier otra cosa sea inaceptable.

Por lo menos, así es como suelen funcionar las películas. En el centro de la vorágine de la actividad se encuentra un director gritando órdenes y monitorizando cada detalle para asegurarse de que su visión cobre vida.

¿Cómo dirigió Clint Eastwood a Gene Hackman, Sean Penn, Tim Robbins, Morgan Freeman y Hilary Swank para que lograran unas actuaciones premiadas con un Oscar? Justo hizo lo contrario.

Eastwood quiere que sus actores actúen, y no que pendan, como marionetas, del extremo de una cuerda de la que él tire. Desea tener a sus actores mentalmente implicados en la escena, y no arrastrados una y otra vez por instrucciones, gritos y una sensación de calamidad inminente. Él cree que el mejor trabajo procede de personas con talento que se esfuerzan al máximo de su capacidad, y no del hecho de que se les imponga una visión colectiva.

Eastwood deposita tanta confianza en sus actores y en el instinto que tienen, que algunos cuestionan, al principio, si están a la altura del trabajo. Tim Robbins, que fue galardonado con un Oscar por su actuación en *Mystic river*, dirigida por Eastwood, decía que al principio se sintió intimidado por la libertad que Eastwood proporciona a los actores para que ellos mismos moldeen sus actuaciones. «Te preguntas si puedes hacerlo –comentaba Robbins– y entonces averiguas muy rápidamente que puedes».

El proceso empieza mucho antes de que un actor salga a escena. Eastwood no quiere pruebas de cámara de sus actores. No desea ver cómo interpretarían el papel cuando apenas saben nada de la historia y el personaje. No quiere que se sientan atrapados por su retrato inicial, o que piensen que deben repetir eso para la película. En su lugar, sólo se fija en el trabajo anterior de los actores y piensa en lo que serían capaces de conseguir en sus filmes.

Los escenarios de Eastwood son tranquilos. No suenan campanas, no hay ayudantes de dirección corriendo de un lado para otro y gritando, y nadie hace chasquear la claqueta frente a la cara de un actor. No se paga a nadie por interrumpir y sobresaltar a sus actores ni por desconcentrarlos de sus pensamientos.

Eastwood sentía inclinación por los escenarios tranquilos, pero ésta cristalizó cuando se tomó un descanso de la dirección para protagonizar *En la línea de fuego*. «Puse el pie en el escenario de *En la línea de fuego* y sonaban campanas –explicaba Eastwood–. Se produce cierta crispación de los nervios cuando hay ruido. Y dije: "¿Por qué suenan estas campanas? No hay un incendio". Y el ayudante de dirección estaba gritando, y comenté: "Relájate. Si tú chillas, la gente gritará para superar tus alaridos, así que dialoga tranquilamente y todos hablaran con calma junto contigo"».

Como Eastwood cree que las mejores actuaciones surgen del interior, y no del exterior, él también es tranquilo. No dirige mirando los monitores: se fija en los actores. Y si siente algo, entonces sabe que funciona. En lugar de aportar indicaciones constantes sobre las actuaciones de los actores, Eastwood no tiene mucho que decir. No aporta a sus actores un análisis inacabable de tomas interminables de cada una de las escenas. De hecho, no puede hacerlo, ya que no filma infinitas tomas. Una o dos veces son suficientes para él.

Los actores saben que si se deciden por algo emocionalmente agotador, algo impecable, no tienen que preocuparse de intentar repetir el momento de forma robótica en una docena de ocasiones. Los actores medran con la energía de saber que una primera toma genial aparecerá en la película.

Ni siquiera nadie grita «¡Acción!» en el escenario de una película de Eastwood, porque nadie gritaría «¡Acción!» en la vida de ninguno de estos personajes. Quiere que sus actores estén en la piel de sus personajes, y no que se adapten a ellos como una máquina. «Nunca pude comprender por qué los directores siempre tenían que gritar "¡Acción! –comentaba Eastwood–. Se asemeja a una descarga de adrenalina, pero en ciertas escenas no quieres adrenalina».

En su lugar, Eastwood hace que las cámaras empiecen a rodar con algunas palabras tranquilas («Hagamos esto y veamos cómo va») o con, simplemente, una pequeña señal con un dedo. En ocasiones filma cuando los actores creen que sólo están ensayando, porque quiere que capten actuaciones que aportan una sensación de libertad, son más naturales y hacen que se sientan más cómodos.

La mayoría del resto de directores filman todo lo que sucede por duplicado, con una cámara grabando la película que se pretende usar en el producto final y la otra que genera un vídeo desechable para que el director lo visione *in situ* y valore si la escena es válida. Eastwood, por otro lado, no detiene el rodaje para ver el vídeo y evaluar aquello de lo que dispone. De hecho, ni siquiera se preocupa por generar la copia duplicada de vídeo. Eso significa que cuando la escena ha acabado, pasa directamente a la siguiente. Considera este proceso más natural, y los actores no tienen que salirse una y otra vez de su papel, ya que van a volver a rodar en breve.

La filosofía de Eastwood sobre la dirección se reduce a una premisa muy sencilla: no interrumpas. La gente dará lo mejor de sí misma cuando la dejes tranquila. Morgan Freeman ganó un Oscar cuando Eastwood lo dirigió en *Million dollar baby*. Cree que el enfoque de Eastwood sacó lo mejor de sí mismo, y que podía tomar lo que Eastwood hace y aplicarlo al hecho de dirigir un negocio, un equipo o la vida en general. «Lo que Clint Eastwood aprendió hace mucho y puede enseñarnos a los demás es que la gente lleva a cabo las cosas si la dejas tranquila para que haga su trabajo –decía Freeman–. Todo lo que pide es que llegues preparado, como él».

Tras advertir de que las cosas iban tan mal en la ciudad que el 50 % de los muchachos abandonaban la escuela antes de finalizar sus estudios secundarios, la respuesta de Maurice Lim Miller pilló a su asesor con la guardia baja. «Háblame del otro 50 % –dijo Miller–. ¿Cómo lo consigue?».

Y ésa es la esencia del enfoque de Miller para luchar contra la pobreza. En un universo de los servicios sociales construido alrededor de aquello que la gente no puede hacer, Miller desea comprender lo que sí pueden hacer.

Durante muchos años, Miller dirigió una organización que trabaja muy duro para sacar a la gente de la pobreza con un enfoque tradicional. Recuerda vívidamente la sensación cuando acompañaba a uno de los trabajadores sociales de su organización a una visita a domicilio. Los miembros de la familia eran, todos ellos, refugiados que habían acabado de llegar al país tras huir de un genocidio: habían navegado por aguas infestadas de piratas y habían llegado al otro extremo del mundo para empezar una nueva vida. Y allí estaba la madre de la familia, siendo sermoneada por una trabajadora con la mitad de su edad que le decía lo que tenía que hacer, y dónde y cuándo hacerlo. La madre soportó las palabras de la trabajadora, pero en el otro extremo de la habitación, su hijo quinceañero echaba humo con la humillación que entrañaba todo ello.

Miller comprendió la absurdez del intercambio. Tenía a su bien-intencionada y bien abrigada trabajadora social diciendo a una mujer con una fuerza y una fortaleza ilimitadas cómo vivir su vida. Esto era algo retrógrado. ¿Qué, se preguntaba Miller, podría enseñarnos esa mujer?

La trabajadora social veía a la mujer tal y como le habían enseñado a verla: como un caso, un problema, alguien definido por aquello de lo que carecía. La mujer no disponía del dinero necesario para mantener a su familia en ese preciso instante, y la trabajadora social estaba ahí para ocuparse de este problema.

Pero de forma muy similar a como Clint Eastwood dudaba del valor de decirle a un actor cómo actuar, Miller se abstenía de decirle a la gente pobre cómo ser pobre.

Más allá de su propia organización, Miller llegó a creer que casi todas las entidades de servicios sociales estaban organizadas alrededor de la misma idea sobre el problema de la pobreza. «Existe un estereotipo tan arraigado sobre los pobres del país (tener unos bajos ingresos equivale a estar arruinado), que nadie está interesado y ni siquiera está dispuesto a aprender de las familias con bajos ingresos», decía Miller. Por su experiencia, los legisladores, los profesionales, las organizaciones, los activistas y otras personas que distribuyen el dinero de las subvenciones ven el mundo de esa forma.

Cuando Miller era un muchacho, su madre luchaba para que no faltara comida en la mesa, pero pedir ayuda era tan humillante que no podía soportarlo. Miller veía la pobreza a través de los ojos de su madre, la veía de la forma en la que tenía en cuenta a la familia de refugiados, la veía en cada persona que asumía que estaba arruinada. Sabía que cuando distribuimos ayuda, nos cobramos un precio en lo tocante al orgullo, la autodeterminación y el control. Obtener ayuda implica, prácticamente, rendirse. Requiere adoptar la misma actitud que los asistentes sociales con respecto a los problemas. «El foco de atención centrado en la necesidad mina nuestra capacidad de ver sus fortalezas –comentaba Miller sobre la forma en que respondemos a los pobres–. Y mina su capacidad de que ellos vean sus propios puntos fuertes».

Miller quería escapar de esa forma de pensamiento. Tenemos que quitarnos las anteojeras, tal y como dice él. No podemos asumir ninguna suposición más sobre aquello de lo que carece la gente pobre. Nada más de conjeturas sobre la necesidad de los pobres de que les digan lo que tienen que hacer.

Miller se deshizo de la definición básica del problema de la gente pobre, y esto le condujo hacia un enfoque completamente nuevo.

Inició lo que llamó la Iniciativa para la Independencia de las Familias con dos docenas de familias en Oakland. No contrató a ningún trabajador social y no les dijo a estas familias qué hacer. En su lugar, *preguntaba*.

Preguntaba a los miembros de la familia qué querían hacer con sus vidas. Les preguntaba cómo iban a hacer realidad sus aspiraciones. Preguntaba: ¿cuál es el plan?, ¿y a continuación?

Dividió a sus familias en tres grupos y reunió a cada uno de ellos en forma de una red social de gente previamente constituida que compartía retos similares y que podía cuidar la una de la otra. Programó reuniones mensuales para cada grupo y pedía a todos los implicados que controlaran con cuidado sus objetivos y sus esfuerzos.

Tenía una norma firme para su personal. Nunca decirle a nadie qué hacer, y nunca decirle a nadie cómo hacerlo.

Aunque el coste normal por familia de una intervención de un servicio social completo era varias veces mayor que el presupuesto de Miller, él creía que proporcionar un ordenador a cada hogar y ofrecer no más de doscientos dólares mensuales de ayuda temporal podía hacer que estas familias avanzaran hacia la consecución de sus objetivos y tener, en última instancia, un efecto transformador. «La gente pobre no está en caída libre –explicaba Miller–. No necesita redes, sino que precisa trampolines».

Los efectos fueron reveladores. Los ingresos de las familias se dispararon. La gente empezó a tener cuentas de ahorro por primera vez. Casi un tercio de las mismas inició algún tipo de negocio. Los resultados no fueron sólo económicos. Los esfuerzos de Miller prácticamente eliminaron la desastrosa combinación de desesperación y aislamiento a medida que el número de personas en el programa que decía que tenía amigos con los que podía contar se triplicó en dos años, hasta alcanzar el 91%.

Los pasos que emprendió la gente que fue incluida en este programa podían parecer pequeños, pero los efectos fueron espectaculares. Tamara, una madre soltera de San Francisco, tenía un trabajo fijo, pero se enfrentaba al esfuerzo mensual de pagar las facturas y el alquiler. Cuando se unió al programa anunció su objetivo: quería ser conductora de los autobuses de la ciudad. Le pidieron que trazara un plan concreto para alcanzar su objetivo y enunció los pasos que la llevarían a la escuela de conductores y harían que obtuviera el permiso para conducir un autobús. Las reuniones mensuales con otras familias le aportaron una sensación de responsabilidad, la necesidad de demostrar que era seria y que estaba logrando progresos.

Ahorró lo suficiente para tomarse una semana de vacaciones de su trabajo y asistir a la escuela de conductores de autobuses. Lo hizo de maravilla en las lecciones de conducción y acabó siendo conductora de autobuses al cabo de unas semanas. El nuevo salario fue un recurso de seguridad. El miedo a que el dinero se agotara antes de final de mes se había desvanecido. Empezó a ahorrar para la paga y señal de una casa, y al cabo de dos años pudo hacer que su familia se mudara a su primer hogar.

Miller creó la Iniciativa para la Independencia de las Familias porque no escuchaba lo que los demás tenían que decir sobre la pobreza. «No tenía la respuesta a la vida de Tamara –admite alegremente Miller–. Era ella quien la tenía».

Se trata de algún tipo de estudio de preferencias de los consumidores. Te van a preguntar si te gustaría algún tipo de juego o rompecabezas nuevo, o algo por el estilo.

Es una forma muy sencilla de ganar algún dinero y no te llevará mucho tiempo.

Una mujer te recibe en la puerta. Es una investigadora de mercados. Te dice que hoy te mostrará algunos productos nuevos y te preguntará sobre tu reacción.

Mientras te acompaña al interior, caminas por una oficina con una puerta abierta. Es una sala sencilla, con un escritorio, una silla, un archivador y una estantería con grandes montones de expedientes y papeles.

Te lleva hacia la sala de conferencias contigua. Ahora ves que, de hecho, forma parte de la misma sala que la primera oficina, aislada por uno de esos separadores de habitaciones retráctiles en forma de acordeón.

La mujer te dice que tiene un cuestionario que quiere que rellenes que contiene preguntas sobre tus intereses y hábitos de compra. Te comenta que mientras rellenas el impreso va a trabajar en la oficina. Volverá en diez minutos.

Mientras echas una ojeada a las preguntas, escuchas el ruido de papeles al otro lado de la pared en forma de acordeón. Oyes el abrir y cerrar de cajones.

Cuatro minutos más tarde, escuchas como si la mujer estuviera moviendo algo en su oficina. Si escuchas atentamente, escuchas cómo se sube a una silla. Parece como si estuviera intentando alcanzar algo en la repisa superior de la estantería.

Y entonces la silla le falla. Escuchas un estruendo, un golpe seco y un grito. La mujer ha caído:

«Ah, Dios mío, mi pie… No… No… No puedo moverlo. Ah… mi tobillo –llora–. No… puedo quitarme… esto de encima», se lamenta la mujer. La estantería debe haberle caído encima.

Llora y se lamenta.

¿Qué haces?

¿Retiras el separador y ves si puedes ayudar, o te das la vuelta y sales por la puerta?

¿La llamas y preguntas si necesita ayuda?

¿Te quedas, simplemente, ahí sentado y piensas en ello, sin hacer nada por ayudar?

Ésta era, por supuesto, la idea del experimento. No había rompecabezas ni juegos. Sólo había un accidente que se interpretaba a tan sólo unos metros. ¿Has ayudado?

Existía una diferencia clave entre aquellos que se levantaron de su asiento para ayudar y los que permanecieron sentados y no hicieron nada. La gente que estaba sola cuando estaba rellenado el cuestionario fue rápidamente a ayudar a la mujer.[1] La gente que estaba sentada con otras personas mientras rellenaba la encuesta por lo general no hizo nada. De hecho, todos los sujetos que estaban solos tenían diez veces más probabilidades de ayudar a la mujer que los sujetos que estaban sentados junto a otras personas.

¿Por qué existía una diferencia tan grande? Todos estaban escuchando el mismo sufrimiento (los golpes, los lloros y los gemidos procedían de la misma grabación, así que eran idénticos). Todos estaban a unos pocos metros de una mujer herida. Ni siquiera tenían que levantarse de la silla para llamarla. Ni siquiera tenían que abandonar la habitación para echar un vistazo detrás de la pared en forma de acordeón. Pero si había alguien más, parecía que eso era demasiado pedir: ¿por qué?

Tal y como lo expusieron los autores del estudio, Bibb Latané y Judith Rodin, «Los testigos miraban a los demás en busca de orientación antes de actuar».

---

1. LATANÉ, B.; RODIN, J. (1969), «A lady in distress: Inhibiting effects of friends and strangers on bystander intervention», *Journal of Experimental Social Psychology*, vol. 5, págs. 189-202.

Con otra persona en la sala, había alguna otra cosa que tener en cuenta aparte de las necesidades de la mujer herida: estaba tu postura frente a los demás. ¿Estabas haciendo lo correcto? ¿Estabas reaccionando de forma excesiva? ¿Qué piensa la otra persona sobre lo que estoy haciendo? Con otra persona ahí, queríamos que nuestra respuesta recibiera validación.

Cuando dos o más personas «escuchaban la necesidad, parecían muy confundidas y preocupadas, intentando interpretar lo que habían oído y decidir sobre las medidas que iban a tomar –escribían Latané y Rodin–. Solían mirarse furtivamente los unos a los otros, aparentemente nerviosos, para descubrir la reacción del otro, aunque sin la voluntad de que sus miradas coincidieran y pusieran de manifiesto su propia preocupación».

No es que no te preocupes cuando formas parte de un grupo, sino que quieres hacerlo de la forma correcta.

Cuando nadie acudía en su ayuda, la investigadora acabada liberándose y salía cojeando por la puerta varios minutos más tarde. Preguntaba a la gente por qué no había respondido a su sufrimiento. Nade dijo que estaba esperando a ver lo que hacía otra persona. Nadie.

Y éste es el verdadero poder de la rendición al grupo. No sólo posicionamos nuestras ideas y prioridades por detrás de las de los demás, sino que también sometemos nuestra independencia sin ni siquiera darnos cuenta de que hemos sacado la bandera blanca.

Cuando la mujer apareció cojeando, los sujetos que habían ignorado sus lamentos no se disculparon. No se evaluaron a sí mismos ni juraron que pensarían por sí mismos a partir de ese momento. Los sujetos no eran capaces de valorar lo que habían hecho como algo incorrecto, porque, obviamente, habían actuado dentro de límites que el resto del grupo encontraba aceptables.

Sin embargo, para la persona que estaba sentada sola no existió ninguna duda apremiante. La misma voz interior clara que orienta a los actores de Clint Eastwood y a los participantes en el programa de Maurice Lim Miller la orientó para que actuara de forma rápida tras la colisión. Esa voz interna clara hizo que estuviera dispuesta a ayudar. Hizo que esas personas fueran capaces de identificar lo que debía hacerse y que lo hicieran. Cuando escuchamos a nuestra propia voz no estamos atrapados dentro de un problema envuelto en otro problema. Cuando escuchamos a nuestra propia voz nos abalanzamos hacia la solución.

«Puede que los números aporten seguridad –concluyeron Latané y Rodin–, pero estos experimentos sugieren que si estás implicado en una emergencia, el mejor número de testigos es uno».

Un testigo piensa y actúa con independencia. Un testigo responde de forma sincera. No sopesa su postura en comparación con la de los demás ni valora las inclinaciones de los demás con respecto a las suyas. Uno es el número para las acciones firmes y decididas, ya se trate de alguien que esté atrapado debajo de una estantería o que necesite escapar de una vida peligrosa y degradante.

Una vez eres una prostituta, no dejarás de serlo nunca. Estas hirientes palabras siempre surgían cada vez que Miranda decía que quería abandonar esa vida y llevar una existencia «recta».

De hecho, cada vez que Miranda le decía a alguna de las otras prostitutas que necesitaba encontrar alguna otra cosa que hacer con su vida, oía la letanía de razones por las cuales eso nunca sucedería. Nunca encontraría un trabajo que se pagara como ése, si es que tenía siquiera la suerte de encontrar un empleo. De todos modos, nunca podría encajar en un mundo de cierta categoría. ¿Y realmente iba a estar ahí cortando el césped y pintando la valla de la pequeña casita de sus sueños en la que se imaginaba viviendo?

En esencia, no podía seguir llevando esa vida y no podía escapar de ella. Todas las demás en ese mundo veían el problema que suponía su vida (y sus vidas también) y le dijeron que simplemente la aceptara y se rindiera, tal y como habían hecho ellas.

Por mucho que no pudiera soportar la negatividad de sus compañeras, tenía problemas para averiguar cómo podría demostrarles que se equivocaban. Se preguntaba cuál era el primer paso para llevar una vida normal. Dejar esa vida sin tener algo que hacer, sin ni siquiera un plan, parecía demasiado arriesgado, y seguir trabajando mientras averiguaba cómo hacer las cosas era demasiado deprimente. No sabía qué hacer para que lo que necesitaba que ocurriera fuera posible.

Por lo menos disponía de su curiosa afición en la que apoyarse a modo de distracción. Era buena para aliviar el estrés, tener un poco de humor e incluso una pequeña sensación de triunfo.

Miranda combinaba su experiencia profesional, su destreza con la tecnología y su atención por los detalles propia de un detective, que no encajaban precisamente en lo que ella llamaba su escuadrón de la verdad (constituido por ella sola) del mundo de la prostitución.

Se dedicó a sacar a la luz, uno por uno, a impostores, fraudes y trampas en la industria local de la prostitución. Si algo en una fotografía de un anuncio por Internet le parecía raro (quizás la iluminación era demasiado buena, o el ángulo sugería que alguien lo había analizado muy detalladamente, o puede que el escenario pareciera demasiado exótico y demasiado lejano para una prostituta local), lo etiquetaba como una falsificación potencial. Miranda rastreaba entonces por Internet buscando su fuente. Con frecuencia, la fotografía era usada por distintas prostitutas en diferentes ciudades, y todas ellas afirmaban que tenía ese buen aspecto.

Miranda creó su propia base de datos en Internet de fotografías falsas para advertir a sus clientes y a cualquiera de que la mujer que aparecía en la imagen no iba a hacer acto de presencia cuando la prostituta se presentara. La intención de la fotografía falsa no era más que atraer al cliente a la puerta, asumiendo que una vez que se presentara, habría empleado tanto tiempo y esfuerzo como para que no le apeteciera levantarse y marcharse al ver a la prostituta real, que era menos atractiva.

Miranda también iba a la caza de prostitutas que habían cambiado su nombre de trabajo. Eso le olía a estafa. Intentaba relacionar los distintos nombres usados por una mujer y luego recogía los comentarios sobre ella de sus clientes anteriores. Con frecuencia, la idea del cambio del nombre era enterrar una mala reputación por tratar mal a los clientes o robarles el dinero con un timo que consistía en tomar el dinero y salir corriendo. Para explicarlo de forma sencilla, una prostituta que tomaba el dinero del cliente y se iba corriendo, insistía en que le pagaran el servicio completo por adelantado antes de ir a una habitación de un hotel. En lugar de volver hasta donde está el cliente con la llave de la habitación, la prostituta sale por la puerta trasera y ya hace rato que se ha ido cuando al cliente se le ocurre buscarla. Entre las variantes, se encuentran tomar el dinero en su apartamento y luego entrar en el cuarto de baño para refrescarse, momento en el que sale un novio amedrentador de otra habitación preguntando al cliente qué está haciendo ahí. A nadie le devuelven el dinero en estas situaciones.

La otra señal de alarma de la que Miranda estaba pendiente eran los engaños policiales. Cuando Miranda veía el anuncio de una nueva prostituta que insistía en que fuera el cliente el que acudiera a ella, pero era poco claro con respecto a la experiencia y el precio, lo marcaba como típico de un agente del orden. La policía no podía ser demasiado explícita en cuanto a los detalles, ya que eso constituiría inducción al delito, y quería controlar el escenario, así que insistía para que fueran los clientes los que acudieran a cierto lugar.

Comprendió que se trataba de un negocio de mentirosos y timos, pero Miranda pensaba que no tenía por qué ser así. Creía que cada vez que estafaban a alguien, esto hacía que para ella fuera más difícil mantener la confianza de un cliente y ganarse la vida. Y era divertido detectar los timos y desenmascararlos en Internet.

Resultó que el hecho de ser una especie de Oficina de Buenas Prácticas Comerciales de la prostitución era doblemente bueno para su negocio. Miranda acabó ganándose la lealtad de numerosos clientes: gente a la que había salvado de timos, robos o arrestos.

Además, su afición la sacó, sin incidentes, de esta profesión.

Miranda, que estaba metida en una larga investigación sobre una página web de una agencia de señoritas de compañía con aspecto de ser sospechosa, pero a la que no acababa de poder acorralar, acudió a un foro de Internet que contaba con el favor de frikis y piratas informáticos. Describió su interés por lo que llamó «timos de ventas por Internet» y pidió ayuda para poder entrar en las entrañas de una página web sospechosa.

Su pregunta generó muchas respuestas, incluidas varias que le ayudaron a ver la codificación subyacente a la página web y a averiguar su origen. Después de dar las gracias al foro por su ayuda, un participante le pidió a Miranda que se pusiera en contacto con él.

Nerviosa porque uno de esos piratas informáticos hubiera averiguado su profesión y fuera a intentar ponerle las cosas más difíciles, Miranda decidió, no obstante, confiar y le escribió un breve mensaje.

Tenía razón. El participante sabía a qué se dedicaba. Pero le escribía porque quería saber si estaba interesada en una nueva línea de trabajo. Este hombre dirigía una empresa dedicada a la buena reputación que operaba en Internet. Las compañías contrataban a su empresa para asegurarse de que sus rivales no estuvieran manipulando las reseñas e intentando alterar el mercado con malos fines. Basándose en su buen ojo para las manipulaciones, este hombre pensó que Miranda sería un buen fichaje para su equipo.

La llamó para charlar. El salario era bueno. El horario era flexible. No había un código estricto de vestimenta. Miranda quería aceptar esa oferta incluso antes de que el hombre acabara de formularla, pero entonces se contuvo. Le pidió veinticuatro horas para pensarlo. Él le dijo que por supuesto. Pasó el tiempo averiguando si la oferta podía ser un timo.

Pero no pudo encontrar nada raro en ese hombre ni en la empresa. Dejó su antiguo trabajo ese mismo día.

Miranda no mira atrás con desdén a las colegas que le dijeron que nunca saldría de ese mundo. No eran capaces de ver lo que para ella era posible, y muchas veces ni siquiera ella era capaz de verlo. «Pero nunca me detuve. Nunca pensé en que lo único que yo pudiera ser fuera eso –decía–. Y resultó que tenía razón».

Para Joe Coulombe, había un principio rector que siguió al fundar su compañía y que lo orientó durante casi tres décadas: no hagas lo que hace el resto de personas.

En la actualidad, el hecho de ser diferente ha permitido que la tienda que lleva su nombre, Trader Joe's, tenga una hueste de fieles compradores que se vuelven locos con su yogur griego, las galletas saladas de pan de pita y el surtido de productos que no se podían conseguir en ningún otro lugar. Con Trader Joe's, presente ahora en treinta y un estados de Estados Unidos, se sabe que los admiradores de su negocio que se trasladan a regiones del país sin una de sus tiendas han organizado peticiones masivas de firmas, suplicando a la empresa que expanda su negocio y abra tiendas cerca de donde viven.

Todo eso es suficiente para hacer que la compañía tenga más ventas por metro cuadrado de tienda que nadie más en la industria de los supermercados y que ocupe el primer lugar en la clasificación de la satisfacción de los consumidores. Los beneficios de Trader Joe's son tan fiables que, al contrario que sus principales competidores, no tiene deudas y dispone de dinero suficiente para financiar la construcción de nuevos establecimientos.

Todo empezó con el compromiso de ser distinto a la competencia. Cuando la industria de los supermercados se estaba transformando, pasando de las tiendas de pequeño tamaño propias de la década de 1950 a las grandes superficies tan comunes en la actualidad, Trader Joe's se fundó con tiendas de la quinta parte de tamaño de un mercado típico, y sigue renunciando a derribar los muros para ampliar la superficie.

Cuando empezó a esbozar el concepto de Trader Joe's, sus amigos en la industria dijeron a Coulombe que para sobrevivir necesitaría tiendas más grandes, con más artículos. La gente quería un establecimiento en el que poder comprar de todo, decían. Le advirtieron de que si intentaba competir basándose en el poderío de una tienda del tamaño de dos pasillos de supermercado, pronto sería olvidado y pasaría a ser historia.

Coulombe creía que podía trabajar con lo que tenía y convertirlo en una ventaja. Haría que esos dos pasillos fueran sencillamente inolvidables.

Sin embargo, el tamaño de sus tiendas fue un accidente de su legado. Antes de la creación de Trader Joe's, Coulombe había dirigido un grupo de pequeños supermercados en el sur de California que estaba languideciendo frente a una intensa competencia.

Para Coulombe, perder las tiendas hubiera sido como si un equipo de primera división hubiera perdido contra uno de tercera regional. Tenía un máster en administración de empresas por la Universidad de Stanford. Su antiguo patrón le había contratado para que aprendiera todo lo posible sobre los pequeños supermercados, y después de que ayudara a esa empresa a lanzar sus nuevos pequeños supermercados pensó que eran tan prometedores que él mismo compró los locales. Se suponía que tenía que triunfar más allá de lo que había imaginado. Y ahora, pese a todas sus credenciales, estaba fracasando en el más sencillo de los negocios.

¿Qué podía hacer para que la gente fuera a sus supermercados? No podía imaginar una idea que le ayudara a vencer a cadenas mayores con unos menores gastos de explotación. Pero, ¿qué pasaría, si conservaba la conveniencia de sus supermercados y los bajos precios pero eliminaba los chicles, las patatas fritas y los productos que la gente podía comprar en cualquier otro lugar y los reemplazaba por cosas buenas que la gente no pudiera adquirir en ningún otro establecimiento?

Construyó el supermercado en torno a alimentos interesantes que nadie más tuviera. Cuando la gente encontraba el vino, la salsa, las galletas saladas o el queso que les encantaban, esperaba que siguieran volviendo a por más. Y como salir y entrar de sus tiendas era rápido y sencillo, a los clientes no les importaba que Joe no dispusiera de la mitad de los artículos de su lista de la compra.

A lo largo de los años, los asesores le decían, una y otra vez, que solucionara ese problema. Le comentaban que estaba limitando sus beneficios y perdiendo la oportunidad de expandirse más allá de su nicho de mercado porque había demasiados artículos de supermercado de los que Trader Joe's no disponía. Había un límite en cuanto hasta dónde se podía llegar si ofrecías diez tipos de *hummus,* pero ningún tipo de cerveza, le dijeron. Pero Joe veía, de su época con los pequeños supermercados, que si ofrecía lo que todos los demás tenían, no habría mucha gente que se molestara en acudir a su pequeña tienda. «Adoptamos la política de no ofrecer nada en lo que no pudiéramos destacar», comentaba. Si no ayudaba a diferenciar su colmado, ¿qué sentido tenía? En el proceso, Joe desarrolló una conexión con sus clientes que no podría ser destruida por la competencia.

Joe también creó una conexión singular con los empleados de su tienda. En lugar de seguir las prácticas estándar en la industria pagando un sueldo próximo al salario mínimo y dividiendo estrictamente las labores en tareas especializadas, él hizo lo contrario. Marcó unos salarios anuales que se correspondían con la media de los ingresos del sector de los supermercados. Les dio a todos los que trabajaban en la tienda la responsabilidad de atender primero las necesidades del cliente, de modo que cuando se acumulara gente en las cajas, cualquiera de los empleados pudiera defenderse con la caja registradora o ayudando a meter la compra en bolsas para los clientes. No hizo falta tener un máster en administración de empresas para ver la rentabilidad de la inversión. Como están bien pagados e implicados en el negocio, los empleados son fieles a la compañía y la rotación de personal es la más baja de todo el sector de los supermercados. Como conocen tan bien el local y todos sus productos, los clientes obtienen un mejor servicio de un personal que, de hecho, puede recomendar los productos basándose en su experiencia personal.

También hay algo de aventura en cada visita a Trader Joe's. A pesar de la limitada variedad de productos, se introducen constantemente nuevos artículos y algunos otros ya existentes se van eliminando poco a poco. Los compradores nunca saben si van a encontrar un nuevo artículo favorito al entrar en el establecimiento. Y los encargados de comprar los productos para Trader Joe's trabajan para asegurarse de que cuando ofrezcan algo nuevo no sea el mismo artículo de comida de moda que los clientes puedan encontrar en cualquier otro lugar, sino que se trate de la siguiente tendencia que todavía no ha surgido.

«A ese respecto, no somos unos ultramarinos convencionales –comentaba Joe–. Estamos más cerca de un negocio de modas que de los supermercados, y la razón de que seamos tan diferentes es que cuando todos me decían que estaba equivocado con todo esto, sabía que estaba metido en algo bueno».

La lección

Clint Eastwood consigue de sus actores interpretaciones que son galardonadas con Oscars porque no les preocupa cada dos por tres con lo que piensa. Maurice Lim Miller está transformando vidas porque cree que la gente dispone de las mejores respuestas para sí misma. Trader Joe's es un líder en su sector y Miranda está viviendo su sueño porque ninguno de ellos escuchó cuando les decían que fueran como los demás.

La gente que hay a tu alrededor puede ver el problema claramente y, si se le da la oportunidad, verá el problema en tu respuesta. Lo más importante es que si no estamos atentos, permitiremos que los demás piensen por nosotros. **Es diez veces más fácil que ayudemos**

a alguien en problemas cuando estamos solos, porque en ese momento podemos pensar por nosotros mismos y ver las respuestas con más claridad.

Hay una razón por la cual tu localidad está llena de señales de stop y no hay ni una señal de adelante, ya que seguir adelante es algo natural, es automático, es lo que todos haríamos todo el tiempo si escucháramos a nuestra propia voz interior. El stop es lo que las otras personas nos dicen.

DOS CONSEJOS: PONER EN PRÁCTICA TU RESPUESTA

Ignora las críticas. Toma la siguiente crítica que recibas e ignórala. No te preocupes por ella. No respondas a ella. No pienses en ella. Larry Ellison, el director ejecutivo de Oracle, el gigante de los servicios informáticos, advierte que cuando tengas una idea genial e innovadora, «tienes que estar preparado para que todos te digan que estás chiflado». De hecho, Ellison decía que no podía recordar ninguna decisión importante que haya tomado en la compañía que no hiciera que los críticos echaran chispas. «A veces la gente simplemente te etiqueta, y lanza críticas que no son racionales», comentaba. En su lugar, ignora a los escépticos. «Lo dejo estar porque no puedes cambiar un comportamiento que crees que es correcto tan sólo porque alguien te insulte».

Sé consciente. La mitad de la gente que participó en un estudio de la Universidad de Toronto recibió clases sobre principios de la concienciación, como ser lento a la hora de juzgar y estar inmediatamente abierto a explorar nuevas ideas, y la otra mitad no. Entonces todos se sometieron a lo que equivalía a una prueba de distracción, mostrando de manera periódica imágenes desagradables para ver si podían hacer que abandonaran la tarea que tenían entre manos. Aquellos que no recibieron las lecciones de concienciación, perdieron un 276 % más de tiempo en las imágenes de distracción inútiles y negativas.[2] Tómate un momento hoy para agradecer el hecho de ser abierto. Tómate un instante durante el día de hoy para concederte permiso para ver las cosas de forma distinta. Tómate un momento hoy para ser consciente y perderás menos tiempo con lo que no importa y abrirás un camino claro para tus propias ideas.

2. ORTNER, C.; KILNER, S.; ZELAZO, P. (2007), «Mindfulness mediation and reduced emotional interference on a cognitive task», *Motivation and Emotion*, vol. 31, págs. 271-283.

¿Qué hacer con el agua?

Los Ferrocarriles del Este de Japón adelantaron a toda máquina a sus competidores con su tren bala de alta velocidad. Hoy en día proporciona más de seis millones de trayectos al año basados en la potencia de sus enlaces a unos trescientos sesenta kilómetros por hora, que pueden conducir a un pasajero de Tokio al otro extremo del país en una fracción del tiempo que se tarda en realizar ese mismo recorrido en automóvil. En varias regiones, el ferrocarril disfruta de una cuota de mercado de 99 a 1 frente a las aerolíneas japonesas.

El terreno de Japón no se lo ha puesto nada fácil a los ferrocarriles. De hecho, el autor del clásico *100 Famous Japanese Mountains* tuvo que dejar de mencionar más de mil montañas japonesas.

Para los Ferrocarriles del Este de Japón, la ruta más rápida entre las ciudades japonesas es a través y no rodeando, ni por encima de todas estas montañas. Eso significa que el ferrocarril tuvo que especializarse en construir túneles, y hacerlo de manera rápida y económica.

Todo era pura rutina para ellos cuando llegó el momento de horadar un túnel que atravesara el monte Tanigawa, a unos ciento noventa kilómetros al noroeste de Tokio.

Sin embargo, el monte Tanigawa suponía un nuevo reto. Su mero nombre («la montaña de la muerte») debería haber resultado suficiente para abandonar la creación de la línea férrea. Aunque no es una de las montañas más altas del mundo, la combinación de tremendos extremos climáticos y brutales pendientes se había, según consta, cobrado la vida de más alpinistas que cualquier otra montaña del mundo.

Los Ferrocarriles del Este de Japón no estaban intentando escalar la montaña, por supuesto, sino pasar a través de ella. Pero se tuvieron que detener en seco cuando su túnel, que atravesaba el monte Tanigawa, se llenó de agua.

Eso era un problema.

Los ingenieros que se encontraban en el lugar llamaron para pedir ayuda. ¿Qué hacemos? ¿Qué hacemos?

Las mentes mejor pagadas de la compañía fruncieron el ceño y estudiaron la situación con detenimiento. Pero cuando empiezas con un problema en el centro de tus pensamientos, no piensas en las mejores respuestas posibles: te fijas en el peor y más obvio obstáculo. El agua en el túnel era el problema, así que trazaron un plan para enfrentarse a ella.

No podían impermeabilizar el túnel. El agua seguía filtrándose incluso pese a haberlo intentado. En realidad no existían alternativas, así que empezaron a trazar planos para un sistema de drenaje y acueductos para bombear el agua y sacarla del túnel.

Ése era el plan. Era costoso y consumía mucho tiempo, y pese a ello, no había ni un ingeniero ni directivo que tuviera una idea mejor.

Ésa es la esencia del pensamiento basado en los problemas. Lo defines todo en los términos del problema. Aplicas las herramientas que el problema te permite. Emprendes los pasos que el problema te sugiere. Te mantienes dentro de los límites que el problema proporciona. No importa durante cuánto tiempo te fijes en él, y no importa a cuántos expertos más traigas: sigue siendo el mismo problema, sin más alternativas que grandes pérdidas y demoras para la empresa.

¿Qué pasaría si no empezaras teniendo el problema?

¿Qué ocurriría si ni siquiera pensaras en el agua como si fuera un problema?

Y ahora, ¿qué haces con el agua?

Uno de los mecánicos que efectuaba el mantenimiento de las máquinas tuneladoras para la línea férrea no estaba preocupado por qué hacer con el agua. Ése no era ni su trabajo ni su problema. De hecho, veía el agua bajo un prisma del todo distinto. Un día en que estaba sediento, se agachó y tomó un gran trago. Era el mejor agua que hubiera probado nunca. Tomó otro trago y llamó a sus colegas para que se acercaran. Estaba buena. Estaba tan buena que podría embotellarse.

El mecánico se lo dijo a su jefe, quien se lo comunicó a los ingenieros, hasta que el mensaje llegó a los altos cargos de la compañía. Así nació el agua Oshimizu, una filial de los Ferrocarriles del Este de Japón.

Según parece, el agua del túnel realizaba un trayecto de varias décadas desde la capa de nieve que cubría la cumbre del monte Tanigawa hasta llegar a los estratos geológicos subterráneos. Mientras se filtraba iba acumulando diversos minerales saludables y el sabor puro de la naturaleza.

La compañía de ferrocarriles empezó vendiendo el agua en máquinas expendedoras ubicadas en sus andenes, pero resultó tan popular que ampliaron la producción para su consumo en los hogares. Los anuncios promocionaban el sabor y la pureza del «agua de las nieves del monte Tanigawa», y los consumidores han respondido haciendo que la filial de la compañía de ferrocarriles sea un negocio que genera 75 millones de dólares al año.

¿Por qué pasaron esto por alto todos y cada uno de los ingenieros? Estaban formados para ignorarlo. Se les educó para que lo hicieran. Estaban tan implicados en considerar al agua un problema que nunca se les ocurrió que, en cualquier otra situación, se habría considerado al agua un activo. Esos ingenieros podrían haber trabajado en el túnel inundado del monte Tanigawa durante años (durante el resto de su carrera, probablemente) sin imaginar que el propio agua era la solución al problema del agua.

Solemos darnos por vencidos y pensamos que sólo a un pequeño y selecto grupo de personas se le pueden ocurrir ideas extraordinarias, pero puedes resolver cualquier cosa si rehúsas considerarla un problema: si evitas permitir que el problema defina tus opciones.

Al igual que a esos ingenieros, a todos nos han enseñado a trabajar con empeño y a enfrentarnos a los problemas. Eso es el sentido común: y es completamente erróneo. Debemos reconocer que nuestro impulso de pensar situando el problema en primer lugar es como ponernos unas esposas antes de intentar construir algo. Esto hará que cada paso sea más difícil, y acabará limitando lo que podemos conseguir al responder al más insignificante de los problemas.

Ninguno de esos ingenieros quería malgastar el dinero de la compañía: eso es todo lo contrario a lo que deseaban. Pero se les llamó para que solucionaran un *problema*. En la escuela les habían formado para que solventaran problemas, así que se arremangaron y actuaron lo mejor que pudieron dentro de los límites que el problema les marcaba.

Imagina que te desprendes de esos límites. Imagina que conviertes tu mayor problema en un activo. Puedes hacerlo.

No aceptes las condiciones del problema y no sólo lo resolverás, sino que también estarás mejor que cuando empezaste. Resultarás beneficiado por haber tenido el problema. Nadie en los Ferrocarriles del Este de Japón se queja nunca por el agua que hay en el túnel del monte Tanigawa. Simplemente la beben y explican los beneficios.

Agradecimientos

Resultaría una promoción bastante mala para el argumento de este libro si dijera que escribirlo no fue más que un gran problema tras otro. Pero, por suerte, no fue el caso. De hecho, escribirlo fue muy entretenido. Gran parte de ello se lo debo a las maravillosas personas de la editorial neoyorquina St. Martin's Press, que vio la fuerza de esta idea y me ayudó a plasmarla. Nichole Argyres aportó las tres cosas que los autores más aprecian en un editor: entusiasmo, ideas y paciencia. Mi agradecimiento por el gran trabajo de todo el equipo de St. Martin's, incluidas Laura Chasen, Karlyn Hixon, Laura Clark y Allison Frascatore. Incluso antes de escribir la primera frase, mi agente, Sandy Choron, estaba emocionada con este libro. Mi agradecimiento a Sandy por su pasión y apoyo. La actitud, el enfoque y los comentarios de Melinda Church me ayudaron a ver lo esencial que era que me dedicara a esta idea. Michael Bowen, Jared Port, Ben Leland y Jordan Gentile escucharon, con paciencia y buen humor, relatos sobre el proceso de escritura.

Fuentes

Introducción

Filmación de *Tiburón*: *Jaws: The inside story.* Biography Channel (2009); McBride, J., *Steven Spielberg: a biography,* Da Capo Press, Cambridge (Massachusetts), 1999; y entrevista a Steven Spielberg por *Ain't it cool news* (6 de junio de 2011).

Capítulo 1

Ben Curtis: Harig, B., «Ben Curtis' title the upset of all upsets», *ESPN.com* (12 de julio de 2011); Lesmerises, D., «Kent's Ben Curtis enters memorial tournament with that winning feeling», *Cleveland Plain Dealer* (31 de mayo de 2012); Weber P., «Golf: victory long time coming for Curtis», *Associated Press* (23 de abril de 2012).

Philip Schultz: Schultz, P., «Words failed, then saved me», *New York Times* (3 de septiembre de 2011); Schultz, P., *My dyslexia,* Norton & Company, Nueva York, 2011; Philip Schultz: entrevista por *Talk of the nation* (6 de septiembre de 2011).

Capítulo 2

Seinfeld: Tomasoff, C., «Programmers keep shows' prospects in focus (groups)», *New York Times* (11 de mayo de 2012); Robin, A.: «Innovation Story Studio», *BusinessInnovationFactory.com* (n.d.); «Forever Seinfeld», *People* (14 de mayo de 1998); Bjorklund, D., *Seinfeld reference: the complete encyclopedia with biographies, character profiles, and episode summaries,* Praetorian Publishing, Coralville, Iowa, 2012; Owen, R., «Test audiences still have sway in the launch of a TV series», *Pittsburgh Post-Gazette* (17 de septiembre de 2006); Fried, I., «NBC's Zucker: "Seinfeld" wouldn't make it today», *CNET* (28 de mayo de 2009); Gots, J., «Seinfeld's producer: listen to your gut», *Big Think*, 2 de julio de 2012; Levine, K., «My talk with Warren Littlefield», *Kenlevine.blogspot.com* (5 de noviembre de 2012).

Albert Einstein: Isaacson, W., *Einstein: his life and universe,* Simon & Schuster, Nueva York, 2007 (Trad. cast.: *Einstein: su vida y su universe,* Debate, Barcelona, 2013); Moore, R., *Niels Bohr: the man, his science, and the world they changed,* Knopf, Nueva York, 1966; Ohanian, H., *Einstein's mistakes: the human failings of genius,* W. W. Norton, Nueva York, 2008; Rowe D.; Schulmann, R., *Einstein on politics,* Princeton University Press, Princeton (Nueva Jersey), 2007.

Capítulo 3

John Lennon: Borack, J., *John Lennon: Life is what happens,* Krause Publications, Iola, Wisconsin, 2010; Davidson, M., «A poor school report is no barrier to success», *The Telegraph* (10 de octubre de 2012); Shelf, D., «Entrevista para *Playboy*: John Lennon y Yoko Ono», *Playboy* (enero de 1981); Edmondson, J., *John Lennon: a biography,* Greenwood Press, Westport, Connecticut,

2010; Lennon, J., *In his own write,* Simon & Schuster, Nueva York, 1964 (Trad cast.: *Por su propio cuento,* Papel de liar, Barcelona, 2009); Cohen, C., «Churchill? A troublemaker. Lennon? A useless clown. And as for that girl Thatcher…», *The Daily Mail* (10 de enero de 2008); Faulk, F., *British rock modernism, 1967-1977,* Ashgate Publishing, Burlington (Vermont), 2010.

Café: *P&G sells Italian coffee unit.* Nota de prensa (2 de marzo de 1992); Larimore, R., «The Starbucks guide to world domination», *Slate* (24 de octubre de 2013); Weitz, B., «The Starbucks coffee Company», caso práctico n.º 36, Universidad de Florida, 2008; Pendergrast, M., *Uncommon grounds: the history of coffee and how it transformed the world,* Basic Books, Nueva York, 2010. (Trad. cast.: *El café, historia de la semilla que cambió el mundo,* Liberdúplex, Barcelona, 2002)

Capítulo 4

Urban Meyer: Thompson, W., «Urban Meyer will be home for dinner», *ESPN The Magazine* (22 de agosto de 2012); Valade, J., «Urban Meyer carries the inspiration of his father and a mentor to Ohio State Football», *Cleveland Plain Dealer* (3 de diciembre de 2011); Thamel, P., «For coach of unbeaten Utah, "It isn't just about football"», *New York Times* (13 de noviembre de 2004).

Bomberos paracaidistas: Weick, K. (1993): «The collapse of sensemaking in organizations: the Mann Gulch disaster», *Administrative Science Quarterly,* vol. 38, págs. 628-652.

Capítulo 5

Prótesis calefactada: Laporte, N., «Don't know how? Well, find someone who does», *New York Times* (26 de noviembre de 2011);

CLAY, A., «WVU student working to help veterans and victims of phantom pain», *WBOY.com* (30 de enero de 2012); «WVU student inventor taking London stage», *Associated Press* (18 de febrero de 2012); MANCHIN, J., «Tribute to Katherine Bomkamp», *Congressional Record* (6 de junio de 2013).

Robert Reich: REICH, R., *Locked in the cabinet,* Knopf, Nueva York, 1997.

Enron: SMITH, R., «Ex-analyst at BNP Paribas warned his clients in August about Enron», *Wall Street Journal* (9 de enero de 2002); ENGLISH, E., «Whistle-blower sent off», *The Telegraph* (30 de enero de 2002); CHIEZA, S., «The value of reputation», *The Herald* (Zimbabue) (22 de mayo de 2013); LARRABEE, D.; Voss J., *Valuation techniques,* John Wiley & Sons, Hoboken (Nueva Jersey), 2013; TISCHLER, L., «Jonathan Cohen: The analyst», *Fast company* (30 de abril de 2002).

Capítulo 6

Diane Ravitch: STRAUSS, V., «The Diane Ravitch myth», *Washington Post* (3 de marzo de 2011); SCHULZ, K., «Diane Ravitch on being wrong», *Slate* (17 de mayo de 2010); DILLON, S., «Scholar's school reform U-turn shakes up debate», *New York Times* (2 de marzo de 2010).

Baloncesto universitario: ANDREWS, A., «Low scoring the new normal in college basketball», *CBSSports.com* (25 de febrero de 2013); GLIER, R., «In men's basketball, scoring suffers in physical game», *New York Times* (23 de febrero de 2013).

Michael Swango: STEWART, J., *Blind eye: the terrifying story of a doctor who got away with murder,* Simon & Schuster, Nueva York, 2000; LARKIN, B., «Ohio State University can't look the other way forever when bad news breaks», *Cleveland Plain Dealer* (26 de octubre de 2013); LOCKWOOD, R., «Swango to be tried for OSU murders», *The Lantern* (16 de octubre de 2000); «Ex-doctor to plead guilty in death», *Associated Press* (22 de septiembre de 2000); «How Dr. Michael Swango became a poisoner and outwitted two medical schools», *Cleveland Plain Dealer* (19 de diciembre de 1993).

Kaleil Tuzman: Startup.com, dirigida por Hegedus, C. y Noujaim, J. Artisan Entertainment (2001); STEINER, C., «Startup.com: the sequel», *Forbes* (25 de octubre de 2010); WINKLER, R., «Investors need a first aid KIT», *Wall Street Journal* (22 de mayo de 2012); NAKASO, D., «Dot-com survivor to share with Hawaii his lessons learned», *Honolulu Advertiser* (18 de abril de 2002).

Capítulo 7

Catherine Russell: RUSSELL, C., «One role, with 10,000 variations», *New York Times* (29 de octubre de 2011); HOROWITZ, S., «Catherine Russell hits 25 years in Warren Manzi's "Perfect crime"», *Backstage* (17 de abril de 2012); CARTER, A., «Behold: Catherine Russell the off-Broadway force», *Associated Press* (7 de marzo de 2013); LEHMAN, D., «Catherine Russell celebrates 22 years and 9,000 performances in "Perfect crime"», *Backstage* (6 de abril de 2009); ZINOMAN, J., «Still kicking after 18 years of homicide», *New York Times* (3 de octubre de 2005).

Gay Talese: KOHLS, R., «Gay Talese», *Whatiwannaknow.com* (3 de marzo de 2012); LOUNSBERRY, B., «Gay Talese and the fine art of hanging out», *Creative Nonfiction 16* (2001); TALESE, G., *The Gay Talese reader,* Walker Publishing, Nueva York, 2003; BOYNTON, R., *The new New Journalism: Conversations with America's best nonfiction writers on their craft,* Vintage, Nueva York, 2005; ROIPHE, K., «Gay Talese, the art of nonfiction», *Paris Review* (verano de 2009).

Ferrocarriles: LEVITT, T., «Marketing myopia», *Harvard Business Review* (julio-agosto de 1960); «What business are you in? Classic advice from Theodore Levitt», *Harvard Business Review* (octubre de 2006); MORCROFT, G.; BARR, A., «Berkshire Hathaway to buy Burlington Northern Santa Fe», *MarketWatch* (3 de noviembre de 2009); BUFFETT, M., «Why Warren Buffett believes trains will power the recovery», *Huffington Post* (27 de marzo de 2013); Warren Buffett, entrevista de Charlie Rose, *PBS* (13 de noviembre de 2009).

Whitey Bulger: LEHR, D.; O 'NEILL, G., *Whitey: the life of America's most notorious mob boss,* Crown Publishing, Nueva York, 2013; MANN, T., «Whitey Bulger's downfall», *The Wire* (10 de octubre de 2011); Murphy, S.; Cramer, M., «Whitey in exile», *Boston Globe* (9 de octubre de 2011).

Capítulo 8

El Conocimiento: «Taxi drivers' brains "grow" on the job», *BBC News* (14 de marzo de 2000); YONG, E., «How acquiring the Knowledge changes the brains of London cab drivers», *Discover* (8 de diciembre de 2011); JABR, F., «Cache cab: Taxi drivers' brains grow to navigate London's streets», *Scientific American* (8 de diciembre de 2011); ANTHONY, A., «Where to, Guv'nor?», *The Guardian* (10 de marzo de 2001); SPITZNAGEL, E., «Interview with a London cabbie», *New York Times Magazine* (3 de enero de 2012).

Linus Pauling: PAULING, L., *Linus Pauling in his own words,* Simon & Schuster, Nueva York, 1995.

Vanessa Selbst: PRYCE, N., «Laying down the law», *Poker Player* (2 de julio de 2013); STRUBY, T., «Her poker face», *ESPN The Magazine* (27 de junio de 2013).

Capítulo 9

The Christmas Song: NOBBMAN, D., *Christmas music companion fact book,* Centerstream Publications, Anaheim, 2000; DANSBY, A., «*"The Christmas Song"* was born on a very hot day», *Houston Chronicle* (7 de diciembre de 2012); FURIA, P.; LASSER, M., *America's songs,* Routledge, Nueva York, 2006; GARNETT, V., «Four famous singers + two songs = A very Merry Christmas», *Washington Times* (14 de diciembre de 2011).

La política de Portugal con las drogas: VASTAG, B., «Five years after: Portugal's drug decriminalization policy shows positive results», *Scientific American* (7 de abril de 2009); BLACKSTONE, S., «Portugal decriminalized all drugs eleven years ago and the results are staggering», *Business Insider* (17 de julio de 2012); SZALAVITZ, M., «Drugs in Portugal: Did decriminalization work?», *Time* (26 de abril de 2009); YOUNGERS, C.; WALSH, J., «Drug decriminalization: A trend takes shape», *Americas Quarterly* (otoño de 2009).

Bill Hillsman: FEATHERLY, K., «Selling Coke and Pepsi candidates», *Rake* (27 de agosto de 2004); LANDERS, C., «Consultant profile: Bill Hillsman», *Center for Public Integrity* (26 de septiembre de 2006); FLEISCHER, J., «How to run the other way», *Mother Jones* (13 de septiembre de 2004); STAFF, A., «Reducing the campaign snooze factor», *Christian Science Monitor* (6 de julio de 2006); BAI, M., «The outlaw strikes again», *Newsweek* (9 de julio de 2000).

Tropas especiales: GENZLINGER, N., «The military that was only for show», *New York Times* (20 de mayo de 2013); *The ghost army,* dirigida por Rick Beyer, *PBS* (2013); GARBER, M., «Ghost army: the inflatable tanks that fooled Hitler», *Atlantic* (22 de mayo de 2013); NEARY, L., «Artists of battlefield deception», *National Public Radio* (25 de septiembre de 2007); CANTRELL, C., «Telling the untold tale of soldiers practiced in the art of deception», *Boston Globe* (23 de febrero de 2012).

Capítulo 10

Clint Eastwood: FOUNDAS, S., «Clint Eastwood: the set whisperer», *LA Weekly* (19 de diciembre de 2007); KAPSIS, R.; COBLENTZ, K., *Clint Eastwood: Interviews,* University Press of Mississippi, Oxford, 2013; «Tough act», *Selling Power* (14 de julio de 2005); MARCHANT, B., «A long, wide look at Eastwood's craft», *Studio Daily* (22 de enero de 2013); TAUBIN, A., «Interview: Clint Eastwood», *Film Comment* (enero de 2005).

Iniciativa para la Independencia de las Familias: MILLER, M. L., «Investing in homegrown solutions», *Huffington Post* (31 de mayo de 2012); MILLER, M. L., «When helping doesn't help», *Huffington Post* (7 de mayo de 2012); O'HARA, M., «"Whatever we are doing, it isn't working"», *The Guardian* (23 de octubre de 2012); DRUMMOND, T., «A refreshingly innovative approach to fighting Poverty», *San Jose Mercury News* (11 de marzo de 2012); BORNSTEIN, D., «Poverty posse», *New York Times* (17 de julio de 2011); PRESTON, C., «A veteran anti-poverty activist finds a cheaper way to achieve results», *Chronicle of Higher Education* (18 de abril de 2010).

Trader Joe's: SANCHEZ, J., «Trader Joe's founder again on a solo path», *Los Angeles Times* (12 de agosto de 1988); PALMERI, C., «Trader Joe's recipe for success», *Business Week* (20 de febrero de 2008); LLOPIS, G., «Why Trader Joe's stands out from all the rest in the grocery business», *Forbes* (5 de septiembre de 2011); KOWITT, B., «Inside the secret world of Trader Joe's», *Fortune* (23 de agosto de 2010).

Conclusión

Ferrocarriles del Este de Japón: CAREY, C., «Companies are getting an idea that creativity is worthwhile», *St. Louis Post-Dispatch* (20 de abril de 1998); SLOANE, P., «Every business problem is an opportunity for innovation», *BQF Innovation* (9 de julio de 2011).

Índice analítico

226

Índice